Padrões e dilemas

Padrões e dilemas

Florestan Fernandes

Organização e apresentação
Gabriel Cohn

Biblioteca Básica Latino-Americana - número 9
Padrões e dilemas - Florestan Fernandes

Asessoria jurídica: **Ana Luísa Chafir**

Projeto gráfico: **Pablo Marchant**

ISBN: 978-85-63574-70-1

JULHO DE 2022

BIBLIOTECA BÁSICA LATINOAMERICANA

A partir de seus anos de exílio, Darcy Ribeiro tomou para si — e nunca mais largou — a tarefa de pensar a América Latina e a inserção do Brasil nesse continente essencial. Sua ação sempre se deu como intelectual, como político e como cidadão do mundo. No início da década de 1960, já tentara implantar a Biblioteca Básica Brasileira — BBB, que reunia obras fundamentais para a reflexão da formação do Brasil e, ao final dos anos 1980, montou a Biblioteca Latino-Americana no Memorial da América Latina, na cidade de São Paulo.

Darcy Ribeiro sempre fez de suas buscas um modo de agrupar e disseminar saberes e conhecimentos. A Fundação Darcy Ribeiro, em continuidade a esse sonho, decidiu por empreender a Biblioteca Básica Latino-Americana — BBLA, iniciando a publicação de seus primeiros livros no final de 2021, ano que antecedeu as comemorações do centenário de nascimento de Darcy Ribeiro, em 2022.

A proposta da coleção é realizar o mapeamento, a apresentação, a reflexão e o estímulo à criação sobre a cultura e o pensamento latino-americano, através da publicação de livros de ensaios de importantes pensadores e artistas do continente. O objetivo consiste em alcançar um público amplo, por meio de livros com conteúdo de qualidade, em edições atrativas e bem-cuidadas, que terão versão em português, espanhol e inglês, com publicação em diversos países.

Para uma tarefa de tal magnitude, complexidade e responsabilidade, convidamos renomados intelectuais latino-americanos, alguns deles amigos pessoais de Darcy Ribeiro, para compor o Conselho Curador da Coleção, que estabeleceram critérios básicos a serem seguidos pela BBLA:

— Buscar a síntese entre o foco e a difusão da cultura Latino-Americana, o presente e o crescente;

— Identificar as semelhanças na multiplicidade de povos, formações e expressões e tentar construir um corpo comum a partir da proveniência dos nomes, conceitos e saberes latino-americanos;

— Estabelecer diálogo com as diversidades culturais dos povos transplantados, povos novos, povos testemunho, fluxos migratórios, populações compostas, minorias, alteridades radicais e periféricas no embate do processo civilizatório;

— Apresentar por meio de ensaios, contos, poesia, entrevistas, temas relacionados à antropologia, sociologia, filosofia, literatura, teatro, conteúdos que expressem a maior quantidade de interseções culturais.

Sabemos da complexidade e diversidade dos temas a serem abordados, assim como dos obstáculos a serem superados para se constituir um corpo de saberes e prazeres, consistente e relevante para o público leitor. Esse é o nosso maior desafio!

Esta coleção é uma obra coletiva, fruto do trabalho de uma equipe editorial comprometida com o propósito de semear e disseminar saberes produzidos nesse imenso continente latino-americano. É também uma obra viva, em movimento, que vai integrando autores e protagonistas à medida que incorpora novas abordagens, temas e questões cada vez mais contemporâneas e candentes.

Agradecemos aos conselheiros curadores que generosamente aceitaram o desafio de pensar e orientar esta coleção, aos autores por acreditarem no projeto, à equipe editorial que, como diria Darcy, trabalha com muita determinação para plantar no chão do mundo essas sementes, e às editoras, pela colaboração em empreender este projeto. A todos, e a você leitor, muito obrigado por apoiar a Fundação Darcy Ribeiro.

Trazer a público esta coleção é atualizar os debates em torno da América Latina e refletir sobre esse encantamento necessário, ainda por consolidar, de integração da América Ibérica ao sonho de criação do bloco latino-americano. Esta é, sem dúvida, a função mais essencial desta Biblioteca Básica Latino-Americana.

José Ronaldo A. Cunha
Presidente
Fundação Darcy Ribeiro

BBLA, A UTOPIA É AQUI

NÚMEROS PUBLICADOS

1. *A América Latina existe?*, de Darcy Ribeiro – org. e apres. de Eric Nepomuceno (novembro de 2021)

2. *América Latina, um povo em marcha,* de Ángel Rama – org. e apres. de Facundo Gómez (dezembro de 2021)

3. *O idioma da crítica*, de Horacio González – org. e apres. de Eduardo Rinesi (janeiro de 2022)

4. *O voo do Tukui,* de Ana Pizarro – org. de Rocío Casas, apres. de Hugo Achugar (fevereiro de 2022)

5. *Améfrika Ladina,* de Lélia González – org. e apres. de Melina de Lima (março de 2022)

6. *O direito ao delírio*, de Eduardo Galeano – org. de Sergio Cohn, apres. de Eric Nepomuceno (abril de 2022)

7. *Desenhos das letras latino-americanas,* de Saúl Sosnowski – org. e apres. de Roxana Patiño (maio de 2022)

8. *A arte interessada,* de Mário de Andrade – org. de Sergio Cohn e André Magnelli, apres. de André Magnelli (junho de 2022)

9. *Padrões e dilemas,* de Florestan Fernandes – org. e apres. de Gabriel Cohn (julho de 2022)

10. *Modos de vida civil,* de Gabriel Cohn – apres. de Eduardo Rinesi (novembro de 2022)

ÍNDICE

FLORESTAN E O MODO DE VIDA DEMOCRÁTICO
POR GABRIEL COHN

"Nunca tive medo de ser simultaneamente as duas coisas: um sociólogo que procura servir à busca de uma verdade por meios científicos e o propagandista que precisa convencer os outros a ver o que tiram dessa realidade para transformar o mundo". Assim Florestan Fernandes definiu em 1981 a sua posição básica, em entrevista realizada no Museu da Imagem e do Som de São Paulo. Está tudo aí, o recolhimento no estudo e na tenaz busca da verdade no mundo social e a projeção dessas aquisições no espaço aberto da esfera pública. Duas convicções e duas tarefas que se entrelaçam ao longo de pouco mais de três décadas de trabalho intenso. É esse Florestan que o presente volume vem apresentar a todos os interessados nas diversas facetas da obra de um intelectual e homem público que soube concentrar a atenção nas questões e nos dilemas de seu país e manter os olhos voltados para a América Latina como um todo.

A organização do volume obedece à ordem das preocupações diretrizes do trabalho de Florestan. Iniciam elas na área de pesquisa que se poderia denominar "etno-histórica" em trabalhos clássicos sobre a organização social e a conformação cultural de povos indígenas no Brasil quinhentista e se estendem por dimensões cada vez mais complexas e mais contemporâneas da vida social e política no Brasil e na sua referência latino americana. A despeito da sua importância no registro da atuação de Florestan no debate público, em especial nas dezenas de artigos na imprensa, não houve com incluir sua contribuição nesse campo no presente volume. O mesmo se aplica às entrevistas, numerosas e importantes, que concedeu em numerosas ocasiões. Com uma exceção, embora: na entrevista concedida ao seu amigo José Albertino Rodrigues, figura tão discreta quanto importante na universidade quanto na militância em área estratégica, com papel fundamental na organização da pesquisa no Departamento Intersindical de Estatística e Estudos Sócio-Econômicos – DIEESE, ele discute preocupação de ambos, a associação entre a pesquisa científica e a militância.

Os textos aqui reproduzidos cobrem a maior parte desse panorama. Somente a uma área na sua vasta produção é reservada menos atenção, embora seja das mais importantes do conjunto. Trata-se de seus estudos de teoria e metodologia sociológicas, que em outras circunstâncias poderiam ocupar posição de destaque, mas neste volume cedem espaço para trabalhos dedicados a questões mais substantivas de pesquisa e reflexão. O mote do conjunto poderia também ser retirado dessas duas últimas palavras, complementadas por uma terceira. Pesquisa, reflexão e intervenção. São essas as linhas mestras da obra de Florestan Fernandes. sobretudo quando se considera que esses termos cruciais convergem para um núcleo temático que se irradia por todas as obras, nas figuras dos *padrões* (que definem estruturas) e dos *dilemas* (que constrangem a ação dos agentes).

Antes da entrada nos textos do próprio Florestan são apresentados comentários do organizador do livro sobre suas principais obras de maturidade. No final do volume encontra-se uma concisa apreciação de sua vida e obra, cedida como contribuição por querida amiga de Florestan, Amélia Cohn.

TENSÃO E CRIAÇÃO

Em 1945, o jovem Florestan Fernandes escreveu um texto que viria a ser um dos artigos mais lidos da fase etnológica de sua carreira. Relatava ele a vida fragmentada do indígena bororo Tiago Marques Aipobureu, caso exemplar daquilo que a literatura sociológica da época denominava homem marginal, situado entre duas culturas, a própria e a urbana, sem pertencer a nenhuma delas, em idas e vindas que só acentuavam os seus dilemas.

Para Florestan certamente era um desafio o exame do trajeto daquele homem que deixou seu mundo de origem para ficar à margem do mundo urbano que procurou, para retornar à origem e ver-se, de novo e em dobro, à margem do mundo do qual saíra. Nele realiza-se em grau extremo aquilo que um discípulo rebelde de Florestan, Octávio Ianni, comentou a respeito de colega no mundo acadêmico. "Ele saiu daqui e foi para lá. Mas, parece que sua alma não está nem aqui, nem lá". A presença impossível, a saída impossível, o retorno impossível. Não há volta à condição anterior, tampouco há requisitos suficientes para dinamizá-la (para usar expressão predileta de Florestan) ao retornar. Entretanto, não é o mesmo Tiago no início e no fim do périplo. Falta-lhe precisamente o mais difícil, aquilo que inadvertidamente buscava, tornar-se sujeito da própria vida.

O aspecto pungente da situação de Tiago consistia em ele não ser apenas um bororo marginal no mundo dos brancos, mas sim, tendo retornado ao seu mundo social de origem, ter-se convertido em marginal no seu próprio povo. É nessa trama de referências culturais cruzadas que ele é levado a sempre procurar sua alma do lado errado. Dificilmente essa experiência da busca de identidade nos interstícios de dois mundos terá deixado indiferente o jovem cientista em formação, quando ele próprio procurava o seu lugar em condições difíceis, marcadas pelo timbre de sua origem pobre, que não o impediu de fazer valer seus excepcionais dotes graças ao apoio da inquebrantável mãe e do generoso cuidado de pessoas em posição social semelhante à dele. Aqui, porém, já podemos encontrar traços básicos da trajetória que Florestan buscaria imprimir à sua vida, tal como se exprimiria na sua produção intelectual e na sua inserção na vida pública.

Naquele texto de Florestan sobre um homem em busca de sua identidade pode-se discernir um traço que raramente assomava em sua escrita disciplinada e severa: uma profunda simpatia humana pelo personagem, tal como somente se repetiria nos retratos da vida de populações negras perdidas entre a escravidão despótica e a liberdade frustrada, em sua obra sobre a integração do negro na sociedade de classes. Longe, todavia, de espelhar-se de algum modo no dilaceramento do seu personagem, Florestan parece ter encontrado nesse objeto de pesquisa, como depois saberia encontrar em tantos outros, uma advertência, um desafio e um programa de trabalho. A advertência seria contra qualquer incorporação autocomplacente das vicissitudes da própria biografia na conduta efetiva na vida. O desafio consistiria em dinamizar (para usar um dos seus termos prediletos), em preencher criativamente de energia as formas de percepção do mundo e as alternativas de ação que sua experiência própria iria descortinando. O programa de trabalho, finalmente, se traduziria na resolução de, confrontado com alternativas que se apresentassem como exclusivas e que poderiam paralisá-lo na escolha desse ou daquele papel a ser desempenhado, optar sempre por preencher ambas, saturando-as (outro termo predileto seu) com significados próprios. Nenhuma concessão ao refluxo rumo à subjetividade, e sim busca insaciável de aprendizado e de sentido para a ação em tudo que o mundo lá fora oferecesse. Uma posição, em suma, visceralmente plebéia perante o mundo: enérgica, intransigente, sobretudo implacável no empenho em captar, agarrar, apreender (outro dos seus termos) no pensamento e na ação tudo o que o novo mundo social lhe sonegava. Por detrás disso está aquilo que dará a marca distintiva ao trabalho de Florestan. É nesse mesmo diapasão que ele conseguiria organizar, mais uma vez de modo criativo, enérgico e voltado para a saturação dos conteúdos, a sua percepção sociológica e histórica do mundo, também nas grandes análises em nível macro a que dedicaria sua obra madura.

Essa passagem de uma visão pessoal socialmente condicionada para um programa de pesquisa ganha forma numa peculiar modalidade de absorção e criação conceitual. Esse mestre da reconstrução histórica vê o passado não como um fluxo, mas como um campo de oportunidades que numa configuração determinada se abriam à ação racional e consciente dos homens, assim como o presente é um campo de forças em pugna pela dinamização e efetivação de tendências estruturais, e o futuro é um conjunto de possibilidades suscetíveis, em grau que compete à análise avaliar, de intervenção com base nas condições presentes. Sobretudo, a referência ao passado jamais é feita nos termos de um jogo da memória (como em Gilberto Freyre, seu grande antípoda). É muito mais um inventário de obstáculos na construção do presente e na projeção para o futuro. Proust em um, Thomas Mann (de quem Florestan leu atentamente *José e seus irmãos*) em outro.

Na perspectiva de Florestan, é essencial a tensão entre as tendências objetivas no sentido da plena realização de um determinado tipo de ordem social (burguesa, competitiva, capitalista no caso brasileiro) e os obstáculos de caráter histórico e estrutural que se antepõe a isso. É naquela ordem que se localizam as forças sociais em pugna pelo controle dos processos que darão à sociedade a sua feição em cada etapa de sua história. A maneira que ele encontra para figurar esse jogo de forças na sua dinâmica própria não é a do embate puro e simples, mas a de relações que se movem em círculos, dotados ou não, quando "viciosos", de capacidade de desenvolvimento, formando circuitos abertos ou fechados. Essa tensão é criativa, opõe-se a quaisquer processos de mera acomodação adaptativa, coisa que constitui seu mais fundo objeto de aversão.

Conclui-se, portanto, que cabe a quem vem de fora sem o conforto de estar instalado de antemão no centro saturar as relações tensas entre as condições anteriores e os futuros cenários possíveis, para permitir a intervenção racional e não meramente voluntarista. Mesmo porque o caso de Tiago ajudou Florestan a perceber os dilemas do enfrentamento da vida social, passando pela pessoal, e como isso não se resolve mediante meros lances de vontade, ignorantes dos impulsos ocultos que a alimentam.

A LONGA TRAVESSIA

O negro recém liberto, escreve Florestan numa passagem do seu grande estudo sobre a tarefa histórica da integração do negro na sociedade de classes, vivia uma "dupla impossibilidade". Tudo se dava como se ele devesse "abandonar, subitamente, os traços culturais herdados da escravidão e contrair, prontamente, os padrões de comportamento valorizados". Revela-se, nesse passo crucial do seu trabalho, o núcleo temático que se encontrará, desenvolvido em registros muito diversos, ao longo do conjunto das suas obras. Dupla impossibilidade. Ou então, num dos seus termos prediletos, dilema. Enfim, algo que é simultaneamente exigido e obstado como requisito para a realização de certo padrão de organização da vida social. Difícil ao homem, na plástica formulação de Florestan, "sair da própria pele". O que, no caso, aplica-se literalmente àquele que encontra as condições mais adversas para entrar no grande palco social e cultural, o negro recém saído da escravidão. A pungência máxima advém de que, se é difícil para ele sair da própria pele é ainda mais penoso realizar a tarefa principal, sem a qual não tem como promover sua integração na sociedade mais ampla (ou seja, dar sua contribuição própria para o desenvolvimento do conjunto). Consiste ela no encargo prévio e maior de todos, a exigência paradoxal de primeiro entrar na própria pele, afirmar-se como negro, converter-se em interlocutor válido na sociedade e nisso abrir espaço para inserir-se nela como classe. Não há como sair plenamente, nem como entrar inteiro. Dilema em estado puro.

As duas tarefas encontram-se em relação tensa e nunca têm como se resolverem integralmente. Isso significa também, e aí temos outro ponto crucial: há obstáculos, e eles devem ser localizados para serem superados. À sua maneira Florestan retoma a obstinada posição de Galileu diante daquilo que, na linguagem usual na sua época, seria a "resistência à mudança". Move-se sim, *eppur si muove*. Tudo parece conspirar contra, mas o mundo se move, as pessoas se transformam, mudam suas "personalidades-status" (outra expressão muito sua).

Para captar processos como esse é preciso reconstruir toda uma cartografia, na qual as posições indicam pontos de passagem e as linhas mais fortes representam limites. E uma cartografia singular, porém. Tudo parece bem marcado e definido, mas o olhar mais atento permite ir além do mero traçado. Revela mudanças em múltiplos registros de tempo, desde processos multisseculares até aquelas configurações em que se faz necessário surpreender a emergência de condições novas na vida social "através de instantâneos e de situações fugazes, nos momentos mesmos em que se constituem". Essa notável passagem encontra-se, quase oculta, no livro sobre a integração do negro.

A atenção de Florestan concentra-se em manifestações da dinâmica interna do conjunto social, conglomerados vibrantes de linhas de força presas naquilo que, na sua linguagem, é um dilema sem solução cabal. Consiste ele na alternativa, dada para cada "polarização" (em sua linguagem) entre projetar-se sobre a outra e perder definição, ou buscar definição e tornar-se indiferente à outra, perdendo eficácia social. O jogo social apresenta múltiplos casos de dinamismos desse tipo, em que exigências contraditórias se fazem valer simultaneamente, numa espécie de duplo vínculo, de double bind em grande escala.

A reconstrução analítica da sociedade por ele feita é sempre muito atenta à localização das posições e às relações entre elas. Mas não se esgota nisso. Remete imediatamente às normas de conduta associadas a cada posição e, por essa via, a agentes específicos e a específicas qualificações e destrezas sociais, necessárias ao seu exercício. A exploração sistemática dos recursos oferecidos pela relação entre posição e papel permite ir além de uma espécie de sociografia, para chegar aos impulsos dinâmicos que animam as relações no seu conjunto. Não admira, pois, que em Florestan estrutura e dinâmica sempre venham juntas. Nas mãos de um sociólogo corriqueiro a referência a posições e papéis é o que há de mais primário. Nas mãos de um virtuose, leva longe. A razão disso, em Florestan, é que ele sabe combinar isso com dois recursos conceituais que elaborou e de que se vale intensivamente na análise. Primeiro, ele dá especial importância àquilo que chama de "impulsões". Refere-se isso ao empuxe dinâmico gerado pela energia psíquica socialmente mobilizada no desempenho de papéis. É o uso intensivo dessa referência básica que lhe permite reconstruir processos enquanto processos, sem ficar enleado em combinações estruturais de posições. Segundo, ele busca continuamente identificar os modos como os complexos sociais são saturados de significado por agentes específicos e de acordo com impulsões próprias.

É igualmente por isso que ele vê o desempenho de papéis como tarefa, mais do que como mera satisfação de normas dadas; tarefa formadora dos próprios agentes que dela se incumbem. Disso resulta uma concepção diferenciada de norma. Ela passa a ser vista muito para além de meras formas de controle social, agências de adaptação, e sim como porta de entrada na sociedade. A norma não é só restrição e comando. É oportunidade e promessa. Crianças, os seres na margem por excelência, têm seus recursos para chegar a ela, como Florestan não tardou a perceber. Isso, em seu caso, significava encontrar um estímulo para a reflexão, tornada pública na forma de artigo. E uma reflexão informada pelo exercício continuado da imaginação sociológica, como diria seu análogo norte-americano, aquela figura com quem ele teria fortes afinidades teóricas e práticas, Charles Wright Mills. Nesse específico episódio, a observação de passagem, inteiramente acidental no bairro paulista do Bom Retiro (embora nele, como em todo sociólogo por vocação, nenhum observação fosse acidental) de crianças brincando na rua e inventando seu mundo com suas regras próprias de conduta, o leva a escrever uma peça característica de sua produção, uma dos esteios da sua concepção de norma social.

A norma envolve, para além do seu mero cumprimento, técnicas de participação. Nesses termos a organização da sociedade não responde a concepção linear, estratificada, nem mesmo a figuração circular, mas, dinamicamente, a um circuito. Melhor, talvez, seria dizer espiral, movendo-se da margem rumo ao centro. Até porque o circuito não se completa, seu fechamento resultaria em paralisia, em plana e homogênea linearidade, espécie de entropia social. A exigência básica para a constituição de uma ordem social competitiva, sempre aberta a novos influxos, não é o equilíbrio adaptativo. Também não é, entretanto, o conflito sem mais, luta perene por tais ou quais recursos escassos, como na terrível, e realista, distopia weberiana. Sua dimensão é política, no sentido mais fundo do termo (retomando expressão clássica, formulada com todas as letras por autor que Florestan só teria como detestar, Tocqueville, a política como arte da associação). Trata-se da democracia, a perene e nunca completada busca da igualdade sustentada em direitos universais. É por isso que em Floresta a democracia não se esgota no plano da aquisição e gozo de direitos. Cidadão, para ele, é mais do que portador de direitos, ao modo liberal. Numa perspectiva radicalmente democrática, para ele o cidadão é portador de impulsões igualitárias, sem as quais todo o resto perde sentido, não se criam as condições para um estilo democrático de vida, para usar muito expressivo termo seu.

Poderíamos então completar as considerações apresentadas até aqui afirmando que a democracia é o fecho na constituição da ordem social competitiva? Certamente não, pois a própria ordem social competitiva não é fecho de nada. Ao invés, quando bem encaminhada é abertura para múltiplas travessias. O circuito não fecha nunca, os vazios não se preencherão definitivamente, não há como plenamente saturá-los. Enfim (e isso corresponde, creio eu, ao ponto em que o ímpeto em busca do conhecimento e da inserção no mundo em que vivia se enlaça em Florestan com seus impulsos e anseios mais íntimos), a travessia é sem fim, os vazios jamais se preenchem inteiros, não há como chegar à plenitude. Conclusão: só há, apesar de tudo, como lutar por ela, e para todos.

DUAS VEZES FLORESTAN:

1) A SAGA DO NEGRO

"Se o senhor quiser estudar o negro precisa vir comigo. Eu mostro para o senhor como tudo que parece simples é complicado". É pouco provável que essa frase de um informante de Florestan Fernandes na sua grande pesquisa sobre o problema da integração do negro na sociedade de classes em São Paulo o tenha impressionado mais do que já deveria estar, diante da formidável tarefa que se havia imposto[1]. Sociólogo visceral, talvez a mais acabada vocação que o Brasil tenha produzido nessa área de estudos[2], em que tudo que parece

1. Florestan Fernandes, *A integração do negro na sociedade de classes*, vol. 1 (3a ed. São Paulo: Ática, 1978), p. 77. Em vários pontos o presente texto elabora sugestões apresentadas naquela que seria a primeira resenha dessa obra, feita com base na edição interna da Faculdade de Filosofia da USP (1965) e publicada na *Revista do Arquivo Municipal*.

2. O outro sério candidato a isso, Gilberto Freire, forma com Florestan o mais perfeito par de opostos que se possa imaginar. Não pela temática, que é em muitos pontos a mesma em ambos. Nem pela formação e pelas linhas de pesquisa, que em ambos percorre o arco

simples revela-se complicado (e não o contrário, como nas ciências "já prontas", para usar a saborosa expressão que o teatrólogo e cronista Flávio Rangel aplicava, por contraste, ao Brasil), Florestan estava disposto a enfrentar até o fim o desafio de percorrer todas as dimensões de um problema que se confunde com a própria história recente da sociedade brasileira. Pois é dessa história e dessa sociedade que trata a obra, como de resto indicam tanto o título com os subtítulos dos seus dois volumes: "O legado da 'raça branca'" e "O limiar de uma nova era".

O PROBLEMA

Mas que ninguém leve essas expressões ao pé da letra. Todas elas designam algo de problemático na sociedade brasileira. Problemática é a integração do negro; problemático é o legado que se examina, que não é o do negro, mas o da "raça branca" (entre aspas); proble-

que vai da análise etnológica à reconstrução histórica em grande e pequena escala, centrando-se, é claro, na análise sociológica. Mas pelo contraste entre a perspectiva senhorial, a expressão estética (em que as claras referências à experiência pessoal servem para caracterizar o prazer descomprometido do observador) e a escrita descontraída de Freire, por um lado, e, por outro, a perspectiva plebeia, a expressão ética (em que a experiência pessoal passa pela angústia da participação) e a escrita crispada de Florestan. Gilberto Freire sempre parece à vontade, nos lugares que percorre, nas memórias que evoca, nos temas que elege com o desembaraço do *connaisseur*. Florestan só encontra condições para uma observação distanciada quando literalmente seu objeto está à distância máxima: quando se trata de reconstruir a organização social dos tupinambá extintos há séculos. Está para ser feita a análise desse contraste, perfeito desafio para uma sociologia do conhecimento.

mática é a constituição da sociedade de classes. Mas será também problemático o "limiar de uma nova era", que o subtítulo do segundo volume aparentemente proclama num tom que lembra o clarim que deu nome ao principal órgão da imprensa negra? Neste passo vale a pena antecipar os comentários que se lerão em seguida e afirmar desde logo que, à luz de toda a análise que Florestan dedica ao tema, também nesse ponto não se pode ser afoito na leitura. Esse limiar deve ser entendido mais como um horizonte: como um ponto de fuga que concentra todas as linhas da figura e lhe confere perspectiva precisamente por ser inatingível por ela. O livro trata mais de anseios do que da sua realização, mais de promessas do que de seu cumprimento, mas de obstáculos do que de trajetos bem-sucedidos. O que se faz é acompanhar em todos os seus meandros o entrelaçamento de duas trajetórias – a dos ex-escravos e a da formação de uma sociedade de classes no Brasil – em que uma não tem como se completar sem o sucesso da outra. Mostra-se como só há um modo de plena integração para o negro, é pelo caminho da classe social. Mas isso depende de duas coisas difíceis, e não só de uma. Primeiro, da abertura de espaços mediante a plena constituição de uma sociedade de classes na qual possa se inserir. Segundo, da sua própria capacidade para em primeiro lugar organizar-se a ponto de afirmar-se como raça (no sentido de uma identidade social).

Não há, portanto, um caminho reto e plano a ser percorrido. Pode ter havido uma lei áurea, mas não há via áurea para harmonizar a condição de ex-escravos com as condições da sociedade em que lhes foi dado viver. O problema é que ambas as exigências que se impõem aos egressos do regime escravo (afirmarem-se coletivamente como *raça* para então, assegurada a sua presença ativa na sociedade, poderem afirmar-se como integrantes das *classes* que a constituem) os empurram para um beco. Os seus esforços esbarram nos estreitos limites em que se forma o regime de classes na sociedade brasileira. E esses limites, por sua vez, não têm como se ampliar, em boa medida porque a integração do negro reiteradamente depara com obstáculos de toda sorte (que cabe à análise sociológica reconstruir).

Em suma, o que se exibe em todas as suas dimensões ao longo da obra é como se desenha na história da sociedade brasileira um *dilema*, que perturba o seu presente e compromete o seu futuro. À primeira vista esse dilema parece assumir a clássica forma de "se ficar o bicho come, se correr o bicho pega", ou seja, de uma situação de paralisia sem saída. Mas não é este o sentido da reconstrução histórica e sociológica feita na obra. Ela aponta para a única via de escape dessa versão mais crua do dilema. Para que essa sociedade não se veja girando em círculos, basta que se realize o seu requisito mais básico (e também o mais difícil). Consiste ele na *mudança qualitativa* dos grupos que a integram (e, por extensão, dos indivíduos que os compõem) e das relações entre eles. O antigo *cativo* converte-se em *homem negro*, e este em *membro ativo de uma classe*; sem isto, recai-se na versão perversa do dilema. A questão é: dadas as condições históricas de desenvolvimento da sociedade brasileira a partir da abolição do regime escravo e da instauração da República, como pode a população negra (sempre incluída a parcela mulata) realizar isso? Vale dizer, afirmar-se como *agente histórico*? Mais: em nome de quê essa população assume papel crucial na liberação de forças tolhidas no interior da sociedade na qual busca espaços?

Esta última questão é decisiva do ponto de vista da estratégia de pesquisa adotada. Pois pouco se avançaria se a população negra tivesse significado apenas marginal na configuração desse amplo painel histórico. Nesse caso, por que colocá-la no foco da análise, se o que se pretende é mais do que um estudo de relações raciais? A razão para estudar os negros de preferência a qualquer outro grupo é tão simples quanto profunda. Num sentido muito forte do termo o negro é a expressão típica de uma parcela fundamental da sociedade brasileira no período estudado. E isso tanto no que diz respeito ao modo como nessa sociedade se articulam as suas partes constituintes, à sua estrutura, como no tocante ao seu modo de operar e às suas tendências e à sua dinâmica. Ele figura na análise como aquele ponto da sociedade para a qual fazer parte dela já é uma proeza. Até porque lhe coube o pior ponto de partida na disputa histórica pelas posições sociais mais favoráveis. Nem inteiramente excluído nem equipado para incluir-se plenamente, ele ocupa a posição mais vulnerável, para ele próprio e também par a sociedade toda. Ocupa aquele ponto em que os grandes circuitos do poder, da organização econômica e das formas de convivência não logram fechar-se. Move-se naquele hiato que assinala a incapacidade sempre reiterada de completar-se o ciclo histórico da sociedade. Em suma, o negro apresenta-se como a expressão mais extrema e por isso mesmo mais nítida do personagem histórico do qual não se fala explicitamente, mas que atravessa a análise de ponta a ponta: o *povo*, em sua forma específica na sociedade brasileira. “Em sentido literal, a análise desenvolvida é um estudo de como o Povo emerge na história”, escreve o autor na apresentação do livro. Sendo a população negra a mais penalizada historicamente, o que for demonstrado a seu respeito servirá com mais forte razão para qualquer outro segmento daquilo que se designa por povo – vale dizer, desse conjunto de grupos e indivíduos para os quais a presença ativa na sociedade, como sujeitos seus, se apresenta como uma tarefa e não como uma espécie de dom da natureza (uma boa definição, diga-se de passagem, da distinção entre dominados e dominantes).

"O *ainda*, o *aqui* e o *agora* formaram o objeto de nossas indagações", esclarece o autor na apresentação da obra. Por isso, acrescenta, "a constelação social constituída pela ordem social competitiva impôs-se como sistema de referência inevitável nas descrições e interpretações". Repare-se que o foco da análise não é um tipo de sociedade. Este somente é a referência básica (mesmo porque o autor explicitamente não vê razão par crer que, tal como se apresenta, essa sociedade pudesse proporcionar "as soluções efetivas para o dilema racial brasileiro"). Nem mesmo é o negro como categoria social específica, ou nem sequer as relações entre negros e brancos. O objeto real do estudo é a complexa e tensa dinâmica em que se entrelaçam o presente, o legado do passado e as possibilidades futuras da sociedade brasileira.

A formulação dada ao problema é decisiva, e constitui de fato um desses achados que conferem a uma obra seu caráter de exceção. Com efeito, se a referência se limitasse ao *aqui* e ao *agora* como focos da análise, não haveria por que esperar do livro mais do que o honesto trabalho de um bom sociólogo. Mas o grande salto qualitativo é dado na referência ao *ainda*. Aqui, num gesto de grande força plástica e expressiva, Florestan nos conduz ao âmago das suas cogitações, àquilo que anima a sua análise e lhe confere riqueza e pulsação interna. Tal referência dá a medida das preocupações do autor e do alcance da obra. Este *ainda* projeta-se, retrospectivamente, na circunstância de que, por mais persistente que seja esse legado, a sociedade pode ir além dele. Um fardo e uma promessa; a carga do passado e a potência do presente. São linhas de força, que a pesquisa irá acompanhar e reconstruir, na polarização da sua consolidação estrutural e da sua tensão dinâmica.

O termo "polarização" não ocorre por acaso na última frase. Pela sua importância no vocabulário analítico de Florestan, no qual sempre comparece em momentos cruciais, ele merece atenção especial. Embora não esteja presente na passagem em exame, nesta se encontra uma boa ilustração da ideia básica envolvida no seu uso. Isto se dá no modo como se insere na análise a referência ao ainda. Essa expressão nos remete ao fundo do problema em exame, na medida em que capta o objeto de estudo (no caso, a trajetória do negro no interior da formação da sociedade de classes) pelo ângulo no qual as suas dimensões fundamentais se revelam distendidas em polos opostos. Trata-se de uma polaridade dinâmica, cujos polos são temporais mais do que espaciais. Um aponta par ao passado e o outro para o futuro. Ou, em linguagem que Florestan foi buscar em seu admirado Mannheim, um polo aponta par a persistência do passado, na ideologia, e o outro para a projeção futura, na utopia. O essencial é que esses polos não são lugares e sim vetores, orientações em linhas de força.

Essa percepção da importância da questão do negro na sociedade brasileira, Florestan não a retirou do nada nem precisou buscar muito longe. Desde os anos 1950, quando trabalhou junto com o sociólogo francês e professor na USP Roger Bastide na formulação e coordenação de uma grande pesquisa multidisciplinar sob os auspícios da Unesco, que na sua publicação recebeu o título Brancos e negros em São Paulo, o tema lhe era familiar. O trabalho sobre a integração do negro na sociedade de classes reúne os fios de múltiplos esforços ao longo de cerca de duas décadas de trabalho na área, direta ou indiretamente. E o faz com um grande avanço em relação a tudo que vinha sendo feito antes. Isso pode ser percebido quando se considera que o exame crítico da ideia de "democracia racial" no Brasil, que havia inspirado o projeto da Unesco, ocupa como referência explícita somente um capítulo dos seis em que se divide o livro sobre a integração do negro. O avanço consiste precisamente em deslocar o foco do tema das relações raciais para o da emergência de uma nova figura histórica, o povo. E este aparece representado, naquilo que tem de mais problemático, pelo negro. Na realidade, a questão da "democracia racial" não ocupa mais do que um item de vinte páginas no terceiro capítulo do primeiro volume. Não porque o tema seja irrelevante. Mas porque ele está presente ao longo de toda a análise, na sua versão mais ampla. Ele comparece naquilo que importa para a questão da democracia na sociedade como um todo. Nesse percurso a ideia da democracia racial é exposta no seu ponto nevrálgico: o de que, ao abusar da referência à democracia na sua estreita qualificação "racial", o que se faz é ocultar a questão de fundo, que é a dos obstáculos estruturais e das resistências dinâmicas (isto é, que derivam dos interesses sociais traduzidos em ações) à emergência efetiva da democracia em todas as suas dimensões – claro que a começar pela política, seu verdadeiro lugar. Mesmo porque a chamada democracia racial é perfeitamente compatível com a autocracia política e com o autoritarismo social.

A obra é dividida em duas partes, que correspondem aos seus dois volumes. O segundo volume incorpora o fundamental da pesquisa de campo, e é consideravelmente maior do que o primeiro, dedicado à reconstrução do contexto histórico mediante o uso intensivo das fontes secundárias (livros, artigos, jornais, relatórios) disponíveis. A organização do conjunto merece atenção. Cada parte consiste em três capítulos, divididos em seções conforme um padrão que confere ao conjunto um ritmo, uma respiração peculiar. Dos seus capítulos, os dois primeiros dividem-se em três seções; o terceiro e o quarto, em duas seções; o quinto, em três; e o sexto em duas. É preciso considerar, contudo, que a "Nota explicativa" que figura como apresentação ao livro deve ser considerada parte integrante (e muito importante) do texto e que o capítulo 6 de fato consiste em uma longa seção de 123 páginas, seguida daquilo que na realidade é o fecho do conjunto, uma seção de menos de seis páginas sobre o "dilema racial brasileiro". Temos, assim, uma estrutura composta por uma enérgica apresentação temática, um desenvolvimento em registros bastante variados (que inclui numerosas variações sobre o material empírico apresentado, numa forma de expor que o autor denomina "reiterativa") e uma poderosa conclusão. Uma composição notável, embora o insistente retorno dos mesmos casos sob ângulos diferentes, naquilo que o autor também designa, numa passagem, por "rotação de perspectivas", exija bastante atenção do leitor .

O EXAME DO LEGADO

Acompanhemos, então, alguns pontos salientes do tratamento que o autor dá ao seu tema. Claro que não é possível, nem desejável, tentar seguir o texto passo a passo (afinal, são 795 páginas, repletas de exemplos e de análises dignas de atenção). Vejamos, primeiro, o tratamento dado ao tema do "legado da raça branca".

O texto tem início com o exame das condições em que a população negra, após uma abolição pela qual os senhores viram-se livres dos seus escravos mais do que estes ganharam a liberdade, busca novas condições de sobrevivência numa sociedade de classes em formação. Sendo esse o tipo de sociedade que importa para a análise, o foco é São Paulo, como o centro urbano exemplar sob esse aspecto. A natureza e a distribuição dos grupos sociais, os traços emergentes daquilo que Florestan denomina "regime de classes" vai revelando o seu perfil peculiar no contexto em exame. Isso exige uma análise de longo alcance, que não se detenha nos grandes quadros estruturais, mas persiga a caracterização do "destino humano" dos protagonistas, indo até a configuração social da sua personalidade. Nunca será, de resto, demais salientar a medida em que essa obra notável por tantos aspectos (incluindo a circunstância de que foi elaborada em âmbito estritamente individual, quando atualmente uma alentada equipe de pesquisa teria muito trabalho para fazer algo semelhante) avança significativamente na realização de uma das metas mais difíceis das ciências sociais, que consiste em perfazer passo a passo o caminho que leva da grande reconstrução histórica e sociológica das formas estruturais mais abrangentes de seu objeto até a dinâmica fina da formação e do exercício de traços correspondentes de personalidade.

A análise mostra que a desvantagem da população negra diante dos contingentes europeus advinha mais do modo como seus membros eram levados a reagir às exigências do novo ambiente do que à apatia, à fuga ou à simples incapacidade. Confrontados com a experiência como a do contrato de trabalho eram levados a interpretá-las sob um critério rígido: nada que lembrasse as condições anteriores era aceitável, sobretudo quando estavam envolvidas restrições a uma liberdade percebida de modo difuso. Viam-se, assim, em situações em que o próprio modo como traduziam seu empenho na integração social voltava-se contra eles. Mesmo quando buscavam absorver uma exigência do modo de vida, como a ambição por riqueza e o avanço social, o faziam de maneira desastrosa. Essa ambição existia, mas foi "exatamente a causa de sua perda, pois fomentou opções extremamente rígidas e negativas", comenta o autor (p. 56). Nessas condições, "a sociedade de classes torna-se uma miragem, que não lhe abre de pronto nenhuma via de redenção coletiva" (p 59). Nessa etapa inicial, que Florestan, em fórmula de alto poder expressivo, denomina "anos de espera", vem à atenção a uma referência do próprio Florestan acerca do interesse que lhe despertara a leitura de obra literária cuja presença parece insinuar-se na própria composição do seu texto: *José e seus irmãos*, de Thomas Mann. Na mesma passagem assinala-se que a liberdade apresenta-se para o negro de modo ainda ambivalente, como exigência radical e também como fonte de frustrações. Mas, comenta o autor, "para expurgar-se de uma herança cultural perniciosa e converter-se em *homem livre*, o 'negro' precisava viver em liberdade. Se chegou a usar essa liberdade contra si, isso aconteceu porque não sabia proceder de outro modo" (p. 96). Na realidade, o seu vínculo com a sociedade de classes revela-se externo. Forma com relação a ela "um agregado justaposto, nada mais do que isso" (p. 60). Faltava ao negro algo essencial: o preparo para a rápida aquisição e domínio das "técnicas sociais e culturais do ambiente" (p. 82).

O tema das "técnicas sociais e culturais" (igualmente sugerido por Manheim) está presente ao longo de toda a análise. De certo modo elas figuram na análise de Florestan como um núcleo temático, a partir do qual se vão distribuindo as questões relevantes nos vários registros analíticos. Elas prestam-se a isso porque condensam dinamicamente (naquilo que se traduz em ação, mediante o que Florestan designa por "impulsões") todas as dimensões do objeto, desde as grandes estruturas sociais e culturais até a vertente social das personalidades, na qual se constrói o que ele denomina "destino humano".

As primeiras décadas do século XX marcam um período de decréscimo da presença do negro na população paulistana, no que se convencionou denominar "déficit negro", pelo qual teria ocorrido um "branqueamento" relativo. Para Florestan isso é "uma expressão da cadeia de ferro que se estabeleceu entre a situação social do negro ou do mulato e a pauperização" (p. 100). O tratamento que ele dá ao problema revela em grau extremo a sua preocupação com a "prudente e construtiva objetividade científica". Uma nota de rodapé, relativa ao significado de referências aproximadas que construiu, com muito trabalho segundo ele próprio, sobre a proporção de negros e mulatos na população de São Paulo em três momentos (11% em 1910; 9% em 1920; e 8,5% em 1934) é muito expressiva (p. 108). Após várias considerações de método, assevera ele que "tais conjecturas merecem, porém, tão pouca confiança, que evitamos, escrupulosamente, leva-las em conta na discussão dos problemas considerados neste capítulo". A mescla de análise sociológica e demográfica com que Florestan procura esclarecer os efeitos da circunstância de que "os negros e mulatos faziam parte dos grupos populacionais ao mesmo tempo mais desprotegidos e menos aptos em face dos riscos e das exigências da expansão urbana" (p. 132) é um bom exemplo do modo verdadeiramente implacável como ele perseguia todos os dados ("evidências empíricas", diria ele) que, por mais longínquos e trabalhosos que fossem, de algum modo pudessem ajudar na explicação.

Caracteriza o livro todo, aliás, o entrelaçamento da mais escrupulosa busca da objetividade científica com um alto grau de envolvimento em seu objeto de estudo, em relação ao qual exerce profunda empatia. Isso o leva a formulações desconcertantes, como numa passagem referente à distribuição ocupacional em São Paulo nos anos 1930 e 1940, na qual se lê que "graças aos quadros 6 e 7 ganhamos outra dimensão desse drama" (vol. 2, p. 124). A direta associação entre a apresentação de dados estatísticos e a ideia de drama (aliás recorrente no texto) só faz sentido quando se tem em mente que Florestan trabalha simultaneamente em dois planos, com sentidos diferentes mas que se completam: o da perspectiva analítica do observador equipado com os recursos e as exigências do método, que se traduz num estilo de exposição sóbrio e mesmo árido, e o da perspectiva vivida do objeto de análise, cuja reconstrução não só permite como exige uma exposição empática (endopática, diria ele) que dê conta dos investimentos simbólicos e psíquicos associadas a condições de existência social historicamente dadas.

A reconstrução e exposição por todos os meios das relações entre os grandes processos sociais e culturais e o que denomina impulsões psicossociais no plano da personalidade é de fato uma tarefa central para Florestan, e concorre para a exigência dessa plasticidade de estilo. Importante, no caso, é que essa busca de percepção de modos de vida e de processos sociais na perspectiva dos sujeitos da análise em nada significa parcialidade, e muito menos efusão sentimental. Ao discutir a apatia dos negros no ambiente urbano, Florestan é explícito a respeito. "Tudo isso demonstra que a apatia da 'população de cor' preencheu certa função histórica", diz ele, para comentar que não há como disfarçar isso: "Nem temos tal intenção, seja por amor à decantada 'democracia racial', seja por simpatia pela 'gente negra'". Em suma: considerar que um dos níveis da análise e da exposição envolve colocar-se na perspectiva do sujeito estudado pode justificar uma posição empática no plano da análise dos dados e mesmo a emoção explícita no plano da exposição (desde que devidamente submetidas aos controles metódicos), mas, no que tange à pesquisa científica, nada tem a ver com adesão simpática ou repulsa antipática, com parcialidade, enfim. Isso não significa, contudo, que no plano pessoal (ou "existencial", como ele diria) Florestan não fosse profundamente sensível à dimensão irredutivelmente humana na trajetória social dos negros e mulatos. Em exposições ao vivo, em especial no diálogo direto com públicos negros, isso vinha à tona com grande intensidade.

Uma passagem do exame dos níveis de desorganização social mostra bem o entrelaçamento de temas de análise e modos de exposição. Escreve ele:

> *O modo pelo qual o "meio negro" se incluía na ordem social estabelecida impedia a livre manifestação, o desenvolvimento normal e a satisfação construtiva de tais impulsões psicossociais, que orientavam o comportamento, dando lugar a decepções e frustrações incontroláveis. O mesmo processo se repetia nos demais desajustamento; e é esse processo que nos interessa. Ele mostra-nos o negro e o mulato presos numa teia de contradições insolúveis, nas quais emergia lentamente e acabava por florescer o "longo drama interior", de que os diversos desajustamentos sociais apontados constituíam o "desenlace". Qualquer que seja o desajustamento que se considere, o polo dinâmico e por assim dizer o "multiplicador" do processo vinha a ser, invariavelmente, o anseio de classificar-se econômica e socialmente [...]. (vol. 1, p. 197).*

Aqui, todas as dimensões estão presentes simultaneamente, e o conjunto é como que sobredeterminado num dos elos de seu encadeamento. O tema reaparece mais adiante, quando se discutem os efeitos da desorganização social, em termos da "inexistência de meios psicossociais e socioculturais para organizar a percepção, a inteligência e a ação de modo congruente com as exigências do ambiente [...] Faltaram ao negro e ao mulato os suportes perceptivos e cognitivos que a herança sociocultural deve fornecer para alicerçar uma 'boa' organização do comportamento humano" (p. 230). Nessas condições, o negro "se viu impotente diante de formas sociais que não sabia reconhecer, explicar e submeter a algum tipo de controle social", sendo "apanhado numa ratoeira" (expressão mais crua da ideia anterior de uma teia de contradições insolúveis). Reencontramos aqui, já bastante enriquecido, o tema da carência de técnicas sociais e culturais. Nesse passo a análise evoca um conceito que, assim como a sobredeterminação mencionada acima, não está presente com todas as letras, mas encontra-se como que descrito na exposição. Trata-se da ideia de "duplo vínculo" (*double bind*). Sua relevância para o caso advém de que se aplica precisamente a situações em que exigências simultâneas e contraditórias paralisam e desorganizam o sujeito. ("Aprenda a agir como branco. Aprenda que você não é branco"). Sobretudo porque esse conceito permite explicitar aquilo que no texto citado fica implícito, a saber, que as contradições que cercam e constrangem o sujeito são insolúveis *para ele,* precisamente porque ele não tem como se dar conta de que as exigências impostas estão em níveis lógicos diferentes e quando percebidas nesses termos não se aplicam simultaneamente.

Mas não cabe também concentrar toda a atenção no negro sem observar os padrões de conduta dos brancos nessa formação da ordem social competitiva. O senso comum sugeriria que, se os negros não avançaram na absorção de técnicas sociais congruentes com essa sociedade e na sua integração nela, é porque os brancos impediram. De certo modo é o contrário, sustenta Florestan. Não foi a ação, mas a omissão dos brancos (ou seja, dos mais ricos e dominantes) que concorreu para a apatia negra. Pois essas parcelas brancas da população, mesmo as com posições mais altas, "só conseguiram pôr em prática reduzida parcela das técnicas, instituições e valores sociais inerentes à ordem social competitiva, e ainda assim em setores restritos e confinados" (p. 250), deixando com isso amplo espaço para padrões de conduta arcaicos. Nesse espaço mergulham os segmentos da população negra que, por razões que a análise considera, refluem diante dos desafios da nova ordem social.

A análise realizada leva a concluir que o "déficit negro" não teve o caráter catastrófico que alguns lhe atribuíam no que tange à dimensão estritamente demográfica. No entanto, é altamente significativo para a perspectiva sociológica. Constitui "índice demográfico de um desajustamento de caráter estrutural e persistente" (p. 136). Fundamental nesse passo, para Florestan, é a circunstância de que "as compensações individuais ou coletivas, oferecidas pela 'vida na cidade', não alteraram, substancialmente, a posição do negro e do mulato no sistema de relações econômicas e sociais" (p. 137).

NO LIMIAR DE UMA NOVA ERA?

O primeiro volume traçou um quadro sombrio das condições iniciais da busca pelo negro do seu lugar na sociedade de classes em formação em São Paulo. Dificuldades de toda ordem acumulavam-se no caminho desse novo contingente social. Entre elas,

> *O dilema que nascia das resistências abertas ou dissimuladas, mas todas muito fortes, em admitir-se o negro e o mulato em pé de igualdade com os "brancos". Enquanto tal dilema subsistisse, mesmo o padrão de democracia inerente à sociedade de classes numa economia capitalista seria impraticável. Ocorria uma perversão insidiosa do regime, que trazia consigo riscos potenciais para a diferenciação e o equilíbrio da ordem social competitiva (p. 137).*

O segundo volume examina, sempre da perspectiva do negro, os modos encontrados para enfrentar desafios dessa ordem. Trata-se de ver como os negros e mulatos "retornam à cena histórica" (p. 8) , mesmo quando a sua tentativa de realizar, pela organização de movimentos sociais próprios, uma "revolução dentro da ordem" (mediante a cobrança de que essa ordem efetivamente realize o que promete) estivesse "destinada ao malogro" (p. 9). Ela não poderia realizar-se só por eles, sob a indiferença dos brancos, da sua política de "ânimo frio" diante do negro e, em particular, do trabalhador negro (p. 142, enfatizado no original). Afinal, a tarefa era ingente.

> *Arrogando-se a solução de problemas ignorados ou descurados pelas elites no poder, o negro e o mulato chamaram a si duas tarefas históricas: de desencadear no Brasil a modernização do sistema de relações raciais; e de provar, praticamente, que os homens precisam identificar-se, de forma íntegra e consciente, com os*

valores que encarnam a ordem legal escolhida (p. 9).

Esta última afirmação só ganha sentido se o leitor não perder de vista que a exigência normativa nela expressa está sendo atribuída aos próprios grupos negros, e não é do pesquisador. O que se está dizendo é que, na sua ânsia de se afirmar e de mostrar que podiam fazer tão bem ou melhor quanto os brancos (os dominantes) os negros se impuseram uma tarefa que a rigor é impossível: a realização pura, sem mácula, da ordem social que os brancos sujaram. Ninguém conseguiria fazê-lo, e a análise está aí para mostrar como e por que isso se dava. Mas a proposta fazia sentido, dadas as condições. E a tentativa de leva-la adiante, mediante a organização em movimentos sociais, representa uma "impressionante façanha histórica" (p. 9). Pois, como Florestan dá a entender ao longo de toda a sua obra, a capacidade histórica de um movimento social para oxigenar uma sociedade depende mais do ardor combativo dos seus integrantes do que do seu êxito ou mesmo da viabilidade dos alvos perseguidos.

O fato é que os negros estavam cobrando de si próprios aquilo que os brancos dominantes, por outras razões, não tinham como (nem porquê) fazer. Eles exigiam uma sociedade integrada por cidadãos plenamente formados exercendo da maneira mais escrupulosa e cabal a cidadania. Mas eles próprios, como as análises do primeiro volume demonstram, não estavam equipados com os requisitos (as "técnicas sociais") para tanto. Na realidade, ao se apresentarem como os "campeões da 'revolução dentro da ordem" (p. 11) eles não só sobrerreagiam (seria mais fácil em inglês: *overreacted*) à condição de terem tido o pior ponto de partida como também se colocavam além dos limites históricos dos próprios dominantes. É por isso que a participação de segmentos expressivos da população branca era indispensável. Do contrário os negros se veriam, como se viram, diante da tarefa impossível de saltar sobre a própria sombra.

A abertura de oportunidades para a diversificação das formas de experiência de negros, por dispersas e individualizadas que fossem, ia criando as condições para a construção de uma "perspectiva social do homem negro", que lhe dava condições para perceber ao seu modo a sociedade (p. 33). Expressão disso é a capacidade que certos segmentos dessa população adquiriram para realizar uma difícil e importante construção intelectual. Consiste ela na peculiar fusão que promoveram entre as ideias de "discriminação" e "preconceito", para alcançar uma acepção própria de "preconceito de cor". Isso lhes permitiu reconhecer esse preconceito na forma da "desigualdade racial" e defini-lo como problema social, que exige soluções sociais (p. 38). A incorporação dessa perspectiva permitiria, no limite, associar intimamente o "dilema do negro" ao "dilema da democracia" no Brasil. Ao optar pela democracia e se preparar para dela participar, criaram um critério seguro de avaliação dos limites da ação dos brancos: "o grau de aceitação ou de rejeição do 'negro' diria, por si mesmo, até onde chega a lealdade dos 'brancos' para com os fundamentos axiológicos da ordem social democrática" (p. 101).

Mas os limites desses movimentos negros encontravam-se num aspecto muito específico e decisivo da sociedade brasileira. É que ao só abrir-se de modo seletivo para os negros aquela o fazia conforme os próprios termos da sua vertente "branca" dominante (p. 113). Essas classes dominantes "brancas" em fase de consolidação mantinham, enfim, a capacidade de definir as regras do jogo, e de torna-las aceitáveis em escala crescente na sociedade. Para isso encontravam apoio na própria instauração de um “modo metropolitano de vida”. Este, por sua vez, respondia a uma depuração da ordem social competitiva no avanço do capitalismo industrial moderno, em especial a partir dos anos 30. Numa linguagem que não é a de Florestan, a hegemonia branca não chegou a ser seriamente desafiada pelos movimentos negros; até porque estes aceitavam, na saída, os seus termos, impondo a si próprios de modo unilateral a exigência de cumprir melhor as regras (na expectativa de demonstrar que o outro lado era menos capaz, ou era desleal, ou ambos). Isso não impede, entretanto, que o empenho de tipo igualitário, que se traduz na busca pelo negro das mesmas posições ocupadas pelo branco (“ascensão social”) deixe de ter seus impulsos e suas razões peculiares. Tinham um pathos e um logos próprios, diz Florestan, para salientar (numa formulação que evoca o controvertido e hoje esquecido Hans Freyer) que o negro “não só quer algo socialmente, como quer livrar-se (ou redimir-se) de algo socialmente” (p. 328).

Confrontado com as dificuldades e os dilemas de uma ordem social não criada por ele, mas que representa o seu horizonte possível de realização social, o negro busca o que para ele é o mínimo, mas que é também socialmente o mais difícil: tornar-se sujeito da sua própria história. Isolado nesse empenho, vê abrir-se o “hiato entre as relações raciais e o padrão de integração social da ordem social competitiva” e encontra-se em face dos limites ainda estreitos de “modernização dos padrões vigentes de relações raciais” (p. 456). A ordem social competitiva (ou seja, o substrato social do capitalismo industrial) ganhou corpo à revelia, indiferente à sua vontade e às suas aspirações. A alternativa que lhe foi historicamente apresentada o condenava a posições polares na ordem social: ou na ponta da modernização social e cultural (o que suas lideranças mais enérgicas chegaram a propor), ou à margem, num mundo em que a competição pelas posições e vantagens sociais é "briga de branco", para usar expressão de grupos negros desde a escravidão. Nesse sentido, "a ordem social competitiva emergiu e expandiu-se, compactamente, como um autêntico e fechado mundo dos brancos" (p. 457, enfatizado no original). Mas uma ordem social simultaneamente competitiva e fechada é uma aberração, uma fonte constante de dilemas insolúveis. Claro, concordaria Florestan, e poderia acrescentar: é isso mesmo que eu queria mostrar, examinando como se deu e em nome do que persiste. Mas é a aberração em que historicamente nos foi dado viver, na qual a inconformidade negra não tem como vencer, nem como desistir.

CONCLUSÃO

O livro não reserva espaço especial para a apresentação de conclusões. Elas vão sendo apresentadas e refinadas sob vários ângulos ao longo de toda a análise. Mas é possível selecionar uma passagem que dispensa quaisquer paráfrases e, nas próprias palavras de Florestan, dá acesso ao que ele identifica como "o âmago da estrutura e dinâmica da situação de contato racial predominante em São Paulo" (p. 346). Lemos, nessa mesma página, em passagem que tem como referência as inibições sociais às manifestações do "preconceito de cor", num contexto em que este não pode desaparecer de todo e gerar igualdade, nem exacerbar-se e comprometer os mecanismos de acomodação, que "elas impedem a diferenciação (e por conseguinte o agravamento) do 'preconceito de cor' encoberto em formas sistemáticas de preconceito e de discriminação raciais". E, em seguida:

> *Ao mesmo tempo, não obstante, amortecem ou anulam as repercussões das tendências de democratização da riqueza, do prestígio social e do poder na esfera das relações raciais. Descobre-se, assim, uma faceta deveras instrutiva da nossa realidade racial. Ela sugere que assiste razão aos que apontam o Brasil como um caso extremo de tolerância racial. Entretanto, também evidencia o reverso da medalha, infelizmente negligenciado: a tolerância racial não está a serviço da igualdade racial e, por conseguinte, é uma condição neutra em face dos problemas humanos do 'negro', relacionados com a concentração racial da renda, do prestígio social e do poder. Ela se vincula claramente, de fato, à defesa e à perpetuação indefinida do status quo racial, através de efeitos que promovem a preservação indireta das disparidades sociais, que condicionam a subalternização permanente do negro e do mulato. As vítimas do preconceito e da discriminação são encaradas e tratadas, com relativo decoro e civilidade, como pessoas; contudo, como se fossem pessoas pela metade. Os seus interesses materiais ou morais não entram em linha de conta. O*

que importa, imediata e realmente, é a 'paz social', com tudo o que ela representa como fator de estabilidade dos padrões vigentes de dominação racial (p. 346).

As consequências desse estado de coisas são muito fundas. Na consciência social do "branco" o "preconceito de cor" aparece "como se constituísse uma necessidade maldita". E, na mais pungente frase do livro, expressa com ênfase: "O negro prolonga, assim, o destino do escravo" (p. 346).

Seres humanos pela metade. Necessidade maldita. Prolongamento do destino do escravo. Conclusão: é tempo de se promover a *Segunda Abolição*.

2) DILEMAS DA REVOLUÇÃO BURGUESA

"Comecei a escrever este livro em 1966. Ele deveria ser uma resposta intelectual à situação política que se criara com o regime instaurado em 31 de março de 1964". Assim se inicia a "nota explicativa" com que Florestan Fernandes apresenta em 1974 o seu "ensaio de interpretação sociológica" do conjunto de mudanças na sociedade brasileira que denominou revolução burguesa. Mas a referência ao ensaio revela mais do que o caráter inacabado e pouco sistemático da exposição. A advertência sobre os limites da obra evoca também, com um travo amargo, as circunstâncias da sua composição, que impuseram a ela o seu formato fragmentado, de projeto interrompido, mas não abandonado; assim como haviam feito com o próprio ofício do autor.

Como tantos outros grandes livros, esse apresenta seus aspectos mais fortemente datados. Mas, afinal, explicitamente não se trata de "sociologia acadêmica". Propõe-se mais propriamente ser uma intervenção no debate contemporâneo. Acadêmico o livro não tinha como ser, a rigor, pois Florestan Fernandes havia sido compulsoriamente aposentado na USP cinco anos antes (embora sempre se deva lembrar que no Brasil a PUC-SP abriu-lhe espaço para a docência e a reflexão em tempos sombrios, assim como no Canadá o fizera a Universidade de Toronto). Mas é claro para quem vai ao livro que, sem prejuízo de sua importantíssima atividade como publicista na imprensa, que o acompanhou por toda a vida e se acentuou a partir dos anos 80, quando sua participação pública atingiu o ápice como deputado federal pelo Partido dos Trabalhadores (PT) e integrante da Constituinte de 1988. Florestan sempre foi visceralmente um intelectual "acadêmico" no melhor sentido do termo. Foi pesquisador de absoluta primeira linha, combatente denodado pela qualidade do ensino e da pesquisa na universidade pública, à qual dedicou todo o seu talento como docente e pesquisador. E teve a rara distinção de ser o autor de três clássicos incontestáveis nas ciências sociais no Brasil, bem caracteristicamente situados em áreas de pesquisa muito diferentes: *A função social da guerra na sociedade tupinambá* (espantosa proeza de reconstrução etnológica de uma sociedade extinta, que ele próprio considerava sua obra-prima) e *A integração do negro na sociedade de classes* e *A revolução burguesa no Brasil*, que agora nos vai ocupar.

Para começar, de que trata o livro? Ora, da revolução burguesa no Brasil, claro. Não é isso que o título diz com todas as letras? Diz sim, mas é preciso ir longe no texto para perceber onde está a ênfase da análise: se é na "revolução burguesa" ou no "Brasil". Vale dizer, se é no fenômeno mais geral ou no seu contexto particular. Ou, visto por outro lado: o foco do estudo é a revolução burguesa, e o capitalismo moderno do qual ela é inseparável, ou é o Brasil? Não se trata de questão fútil, com a resposta óbvia demais de que são ambas as coisas. É toda a organização e o encaminhamento da análise que estão diretamente envolvidos. E a resposta já está indicada na afirmação de Florestan que abre o presente texto: é do Brasil que se trata, e do Brasil contemporâneo, aquele no qual Florestan estava visceralmente envolvido, como intelectual e como cidadão politicamente oposicionista em nome de antigo compromisso de militância socialista. É o Brasil da primeira metade dos anos 70, no auge da ditadura militar que começaria a abrir espaços para a redemocratização nos anos finais daquela década, que dá o tom e o colorido às considerações que orientam a obra, conferindo-lhe, em suma, seu caráter próprio.

Estudar a revolução burguesa no Brasil significa, para Florestan, reconstruir como se dá nesta particular configuração histórica um processo de proporções mundiais que é simultaneamente econômico, político, social, cultural e que se estende até à estrutura da personalidade e às formas de conduta individuais. É um processo multidimensional que está em jogo, e que ocorre em múltiplos níveis. Reconstruir esses níveis nas suas diferenças e nas suas articulações em cada fase do processo é a principal e mais espinhosa tarefa da análise. Não se trata, portanto, nem de perseguir traços gerais da organização social própria ao capitalismo nem de realizar análise comparativa, confrontando o caso brasileiro ao britânico, digamos. E não é propriamente a expansão do capitalismo que está em pauta. A dimensão central da análise não é econômica, mas sim sociopolítica; daí a ênfase na revolução *burguesa*. Florestan tem a fórmula exata para dar conta disso tudo. Trata-se de examinar a formação de um "estilo especial de revolução burguesa"[3].

O termo *estilo* é muito apropriado. Ele remete a três aspectos fundamentais: primeiro, ao arranjo específico dos elementos que exprimem a natureza própria de uma entidade complexa (poderia ser uma obra de arte, mas, no caso, é a revolução burguesa como processo histórico formador da sociedade brasileira contemporânea); segundo, ao caráter necessário da presença desses elementos para a existência dessa entidade; terceiro, ao papel que cada um deles desempenha para conferir-lhe unidade interna e continuidade.

A pergunta é, portanto: como a sociedade brasileira confere um estilo próprio à implantação e consolidação do capitalismo no seu interior? Dessa questão básica derivam outras, que definirão a pauta da pesquisa. Em que condições, internas e externas, isso se dá? Vale dizer, como se constitui historicamente o cenário desse relato? Quais são seus protagonistas e como atuam nesse cenário? A revolução burguesa é um drama histórico, cheio de som e fúria; cabe a quem o estuda mostrar que o que nele ocorre faz sentido, apesar de tudo.

Para melhor situar esse drama é indispensável uma referência preliminar ao seu principal personagem: a burguesia, claro, pois está

3. Florestan Fernandes. *A revolução burguesa no Brasil.* Ensaio de interpretação sociológica. Rio de Janeiro. Zahar Editores, 1975, p. 151. Doravante as indicações de páginas do livro serão feitas diretamente no texto, entre parênteses.

em jogo a revolução burguesa. Personagem bem problemático, sem dúvida, sempre à beira de um ataque de nervos; mas finalmente capaz de fazer, ao seu modo, o que lhe cabe. A introdução desse personagem suscita algumas das questões centrais da análise. A principal delas tem a ver com o modo como se organiza internamente esse coletivo a que se refere o termo *burguesia* e, em consonância com isso, como são levados a agir os seus membros enquanto burgueses. Florestan mostra ao longo do livro que o caso brasileiro não permite falar da burguesia que aqui se forma nos termos estritos de um modelo extraído da experiência histórica das sociedades europeias que servem de paradigma para a caracterização da revolução burguesa. Nesse modelo a burguesia organiza-se e age como *classe* e tende a impor os requisitos dessa forma de organização aos setores da sociedade que ainda se organizam conforme o padrão da sociedade que a revolução burguesa está justamente em via de transformar.

Essa forma de organização que contrasta com a de classe é identificada no livro mediante a noção de *estamento*. A diferença básica entre esses dois princípios de organização social consiste em que no estamento um conjunto de indivíduos se agrega conforme um critério de inclusão ou exclusão no desfrute de uma série de vantagens vinculadas ao intercâmbio social: contatos, uniões, prestígio e, naquilo que particularmente nos interessa aqui, privilégios (vale dizer, garantias exclusivas quanto aos seus interesses particulares enquanto membros do estamento, "pessoas gradas"). A organização estamental, portanto, é como que voltada para dentro: tem mais a ver com a capacidade de fechar-se para o exterior e oferecer aos seus membros a garantia de acesso restrito a posições valorizadas.

A busca de expansão mediante o aproveitamento de oportunidades incertas, de risco, não é o seu forte. Garantias, privilégios, interesses privativos do grupo são seus lemas.

Em contraste com isso a *classe* (especialmente as classes, ou frações de classes, que formam a burguesia) associa os seus membros conforme um critério que premia o sucesso na disputa pelo aproveitamento de oportunidades, sobretudo econômicas, oferecidas na sociedade, sem respeitar limites. Seus membros agem como se estivessem em campo aberto, cujo exemplo acabado é o mercado concorrencial. A classe abre-se para fora num registro competitivo e conflituoso, se preciso for. No caso da classe paradigmática da revolução burguesa na expansão do capitalismo, sua referência é a sociedade toda e todas as sociedades. O mundo é pequeno demais para duas classes opostas plenamente constituídas (como Marx e Engels já assinalavam em 1848 no *Manifesto comunista*, ao falarem da burguesia e do proletariado).

A emergência de uma classe numa sociedade organizada conforme o princípio estamental é um processo intrinsecamente revolucionário, no longo prazo: envolve a reorganização dos grupos sociais e das relações entre eles. Nos termos políticos, que são o que mais importa nesse ponto, envolve a direção do conjunto sob novas formas (vale dizer desde logo, com um novo tipo de Estado) e de acordo com novos interesses. Esses são de natureza expansiva, já que para firmar-se a burguesia precisa ir além de garantir privativamente o já assegurado. Precisa impor-se à sociedade toda. (A primeira coisa que a burguesia faz ao irromper na história é preparar sua faixa: "Agora sob nova direção"). Isso ajuda, de resto, a entender melhor o título e o tema do livro: está em questão o processo social pelo qual uma classe burguesa se constitui no Brasil e (dentro de limites a ser especificados) ganha condições para impor-se não só social e economicamente mas também politicamente ao conjunto da sociedade.

Estabelecido esse ponto, é possível antecipar uma das teses centrais do livro, a partir de certas premissas, como segue. Na caracterização de Florestan um dos traços básicos da forma paradigmática da revolução burguesa consiste na constituição histórica de uma classe burguesa, que conquista não somente seu lugar na sociedade mas também uma posição politicamente dominante. E o faz pela sua capacidade de impor dinamicamente ao conjunto as formas de organização e de funcionamento que atendam aos seus interesses de classe. O termo "dinamicamente" indica aqui que essa atuação não se restringe a garantir as conquistas já feias mas envolve uma persistente iniciativa no sentido da ampliação do controle sobre a sociedade toda. É por isso que podemos falar de "revolução burguesa" mas não de "revolução estamental". Isso significa que, se fizermos abstração das impurezas dos processos históricos reais (ignorando nisso que ambas as formas de associação comparecem juntas nos processos históricos, e que a questão não é a da substituição de uma por outra, mas sim de qual ocupa em cada passo posição dominante) há uma oposição intrínseca entre os princípios de organização estamental e de classe no que diz respeito à capacidade política de organização da sociedade: ou prevalece o estamento e fecha-se o caminho para a classe ou esta substitui aquele nas instâncias de poder. Ao afirmar-se que aquele contraste de posições de princípio nítida para a consideração abstrata não descreve a situação efetiva assinala-se que há nesse processo mais do que mera substituição, e sim, dinamicamente, o desenho, a ser identificado em cada momento, de uma *tendência* no interior da sociedade.

E aqui entra um resultado importante da análise de Florestan. Ele demonstra em seu livro que o formato da revolução burguesa no Brasil apresenta uma peculiaridade de monta nessa área. Se no caso paradigmático eventuais persistências estamentais na organização e na conduta de classe (especificamente, da classe burguesa) devem--se mais a imperfeições na sua constituição, no caso brasileiro isso é diferente. Aqui não temos simplesmente traços estamentais que acidentalmente aderem à organização de classe, mas a dimensão estamental é incorporada pela classe burguesa como traço *estrutural* na forja do processo histórico da sociedade. Isto tem consequências profundas na atuação dessa classe em todos os campos, especialmente nas áreas que mais importam, que são a econômica e a política. A mais importante delas é a orientação particularista, voltada para o privado e mais consentânea a posições estamentais do que com posições de classe historicamente revolucionária. O exame dessa dimensão do processo histórico fornece um dos fios mais importantes na trama da revolução burguesa no Brasil.

Não admira, nessas circunstâncias, que a reconstrução histórica ocupe posição central no livro. Mas não se trata de historiografia no sentido estrito. Aliás, o leitor que procurar o recheio dos fatos naquilo que o livro oferece logo descobrirá que não é por aí. Florestan não faz historiografia (esta está pressuposta na sua exposição, e não é preciso ser muito atento para perceber que ele a conhece a fundo, até por pesquisa própria, espalhada por outros escritos seus). Ele faz, nos seus próprios termos, "sociologia histórica de longa duração". Não importa a exposição minuciosa de eventos, por significativos que sejam (a independência, ou a abolição do regime escravo, ou a revolução de 1930, por exemplo), e sim tornar explícito o papel que certas configurações históricas decisivas assumem na constituição dos grandes grupos sociais e das relações entre eles, e na definição do formato da sociedade em seu conjunto.

UM JOGO COMPLEXO

Para fazer isso é de importância central, na perspectiva de Florestan, não só caracterizar os grupos sociais fundamentais e suas formas de organização como também identificar a dimensão da sociedade sobre a qual incide preferencialmente a sua atuação em cada momento. Faz muita diferença se essa atuação se concentra no plano da mudança das relações sociais, ou da economia, ou da organização e exercício do poder político. Um complexo jogo é possível nessa área, e boa parte da atenção de Florestan volta-se para a reconstrução desse jogo em passagens decisivas. Assim, ele mostra como, na passagem da sociedade colonial para a nação independente, a camada senhorial de caráter estamental que se forma no regime colonial concentra-se na tarefa propriamente política de assenhorear-se do poder, sem promover mudanças no plano social, e limitando-se no plano econômico ao que lhe importava de imediato, que é a ocupação dos postos-chave. Nos seus termos, "sem negar a ordem social imperante na sociedade colonial e reforçando-a, ao contrário, as referidas elites atuaram revolucionariamente no nível das estruturas do poder político, que foram consciente e deliberadamente adaptadas às condições internas de integração e funcionamento daquela ordem social" (p. 32).

Do ponto de vista do processo de independência nacional o efeito disso é decisivo. Retomando as palavras do próprio autor, "a Independência foi naturalmente solapada como processo revolucionário, graças ao predomínio de influências histórico-sociais que confinavam a profundidade da ruptura com o passado. O estatuto colonial foi condenado e superado como estado jurídico-político. O mesmo não sucedeu com o seu substrato material, social e moral, que iria perpetuar-se e servir de suporte à construção de uma sociedade nacional" (p. 33). Essas circunstâncias configuram, nas palavras do autor, um "paradoxo", a saber, que "a 'revolução nacional' não resultou de uma 'revolução econômica' nem concorreu para forjar ideais de autonomia econômica que implicassem ruptura imediata, irreversível e total com o passado recente" (p. 72). Mostra o livro que esse padrão básico se mantém, com conteúdo diferente, ao longo de toda a "revolução burguesa" no Brasil.

Peculiar sociedade essa, em que a emancipação política dos laços coloniais deixava de pé, ainda que concentrada no plano econômico, a questão da autonomia nacional. É verdade que os fluxos econômicos internos passam a ser comandados pelos integrantes da nova dominação senhorial, que se diversificam sobretudo em resposta à expansão da grande lavoura e da diferenciação das atividades comerciais e financeiras. Mas o centro dinâmico da economia, antes nitidamente localizado na metrópole, continua externo, agora satelizado pela área nuclear da revolução burguesa em escala internacional (sobretudo a

Inglaterra). As mudanças fundamentais se dão no âmbito interno, e nisso a ordem senhorial de base estamental, ao reorganizar o Estado e ao enfrentar a construção de uma ordem legal de matriz liberal, produz efeitos construtivos, para usar uma das expressões prediletas do autor. Vale dizer, contribui para construir um novo patamar de integração da sociedade nacional. Nesse ponto, é preciso ler diretamente a brilhante análise que Florestan faz do significado do liberalismo na construção da sociedade nacional no século XIX, ao oferecer aos estamentos senhoriais as referências utópicas que lhes permitem projetar aspirações e visões da sociedade no futuro, em contraste com as referências ideológicas, que ela também oferece e que alimentam a conservação no plano econômico.

POLARIZAÇÕES

Na análise de Florestan a reiterada atribuição de um caráter "construtivo" a efeitos ou a funções de condutas de agentes sociais e políticos divide a atenção com as não menos numerosas ocorrências de outro termo fundamental nele. Trata-se da noção de "polarização", ou, na sua formulação mais forte, "polarizações dinâmicas". A referência à dinâmica (que também é muito importante por si mesma, e aparece ao longo da obra em contraste com a dimensão "estrutural") pode ser entendida como designando a presença, ou o desencadeamento, de uma força: o que, em termos sociológicos, se traduz por uma conduta social compartilhada, dotada de intenção e objetivo próprio segundo a percepção mais ou menos inteligente que seus agentes (vale dizer, "figuras capazes de definir opções") têm da sua situação e dos seus objetivos. Em algumas passagens essa concepção da dimensão construtiva de formas de atuação social apresenta-se de modo pleno: "A ausência de um esforço, consciente e inteligente, de coordenação e de orientação das forças e formas econômicas emergentes impediu que o longo período de sobrevivência da ordem escravocrata senhorial operasse, construtivamente, como um meio de preparação da 'economia nacional' para as exigências do futuro, que impunham a plena mercantilização de todos os níveis e fases do sistema econômico 'nacional'" (p. 172).

A referência à polarização, por sua vez, oferece mais dificuldades. Examinemos isso à luz de algumas passagens do livro. Ao discutir o período imediatamente posterior à independência, Florestan assinala duas "polarizações dinâmicas" da "absorção do liberalismo pelas elites nativas" (p. 34). A primeira "associava o liberalismo aos processos de consciência social vinculados à 'emancipação colonial'". A segunda o associava "com a construção de um Estado nacional". Destarte o liberalismo é visto como apontando em dois sentidos opostos. Por um lado, aponta para o que já foi feito; pelo outro, aponta para o que cabe fazer. Há, pois, uma polarização. É isto que permite a Florestan dar mais um passo, e identificar uma polarização correspondente no interior mesmo do liberalismo no Brasil novecentista. Nesse caso a polarização se caracteriza por ter um polo de caráter ideológico (que se esgota no presente) e um polo utópico (que se projeta no futuro).

Isso sugere que quando se fala de polarizações está em jogo uma dinâmica tensa entre sentidos opostos presentes no mesmo objeto de referência, que orienta a atuação de grupos sociais. O liberalismo é um bom exemplo disso; serve como referência para grupos sociais e orienta as suas ações na arena política, dando forma a aspirações que de outro modo ficariam difusas e perdidas no interior da sociedade. Mas é importante não perder de vista que a polarização só ocorre efetivamente quando tem suporte social: são os homens e grupos de homens que puxam para direções diferentes no interior dos grandes agrupamentos da sociedade, e nas relações entre eles.

É verdade que o uso, por Florestan, de expressões como "duas polarizações" quando estão em jogo dois polos de uma polarização (mesmo porque não existe polo isolado) por vezes retira força do seu argumento. Mas a noção é muito fecunda, mesmo quando em alguns momentos apareça disfarçada, como ocorre em importante passagem, na qual se analisam as transformações sofridas pela figura social do senhor na fase inicial da existência nacional. Comentando o processo pelo qual "as elites dirigentes dos estamentos senhoriais absorveram as funções que antes eram desempenhadas mediante a tutela colonial, privilegiando politicamente seu prestígio social" (p. 41), Florestan assinala que isso teve como um dos resultados "a diferenciação dos papéis políticos do *senhor*, que se metamorfoseia em *senhor-cidadão*", com a importante consequência de que assim suas capacidades de mando "transcendem os limites do domínio senhorial e alcançam o poder político especificamente falando". Claro que a associação da figura liberal do cidadão à do senhor introduz mais do que uma mera diferenciação. Trata-se, no sentido mais forte, de uma polarização, cuja ponta "cidadã" projeta o alcance da atuação senhorial para além dos limites permitidos pela ordem estamental e abre espaço para a paradoxal emergência de traços não só modernos como democráticos nessa sociedade, enquanto a ponta "senhorial" se lança na exploração de posições e privilégios herdados do passado.

Mas a dinâmica da atuação estamental é basicamente adaptativa e ajustada à dimensão de controle externo, que persiste numa sociedade mais à vontade na organização por sua conta do poder político do que na iniciativa igualmente autônoma nas esferas da economia e da organização social. Nesses prevalecem a subordinação externa e o impulso conservador. A expressão sintética disso encontra-se no regime de trabalho escravo, e no modo como foi encaminhada, nos planos econômico, social e político, sua abolição. A análise do movimento abolicionista permite a Florestan reconstruir os sentidos da crescente diferenciação interna da sociedade brasileira ao longo do século XIX e a emergência de novos atores sociais, em especial nas condições de mobilidade social propiciadas por um meio urbano em expansão. Mas a questão do regime de trabalho escravo, para além de seus outros significados, ganha toda a sua força na análise quando associada à questão do regime de poder senhorial, contra o pano de fundo do núcleo mesmo da revolução burguesa, que é a formação daquilo que para Florestan é a "ordem social competitiva". Este termo designa uma forma de organização da sociedade em que posições sociais, riqueza e poder são disputados em campo aberto, sem respeito por barreiras tradicionais, e a capacidade empreendedora e inovadora ganha relevo no elenco das qualidades socialmente valorizadas.

Numa passagem importante do livro lê-se a respeito do comportamento das elites da sociedade imperial brasileira:

Em uma sociedade estruturada estamentalmente, não só o poder de competir é regulado pelas diferenças de níveis sociais. Ele não pode ser aplicado nem livremente nem irrestritamente, mesmo nas "relações entre iguais", sem pôr em risco as bases do equilíbrio social e a continuidade da ordem social. [...] (Nessas condições) resguardava-se a sociedade do corrosivo "espírito burguês", fortalecendo-se os laços que prendiam os homens aos seus níveis sociais, aos correspondentes códigos de honra e ao mito de que o Brasil é ingovernável sem a versão autocrático-paternalista do despotismo esclarecido.

E em seguida:

A relação senhor-escravo e a dominação senhorial minaram, pois, as próprias bases psicológicas da vida moral e política, tornando muito difícil e muito precária a individualização social da pessoa ou a transformação do "indivíduo", da "vontade individual" e da "liberdade pessoa" em fundamentos psico e sócio dinâmicos da vida em sociedade. Seria preciso lembrar que no cosmos senhorial só pode existir um tipo de individualismo, que nasce da exacerbação da vontade do senhor e se impõe de cima para baixo (p. 165).

Considerando-se que a análise feita no livro também demonstra que em virtude da sua constituição histórica a própria classe burguesa no Brasil incorpora de modo intrínseco e não apenas periférico traços estamentais, abre-se espaço para demonstrar, como se faz na última parte do livro, a prontidão dessa burguesia para recorrer a formas *autocráticas* (portanto, no sentido rigoroso do termo, antidemocráticas) de organização do poder.

Cabe aqui assinalar desde logo, para evitar graves erros de interpretação, que a *autocracia* de que fala Florestan não é sinônimo de *autoritarismo* – pois este corresponde a uma forma social de exercício do poder e não de sua organização – e nem mesmo se confunde com *ditadura*, embora não a exclua. Tem mais a ver com a concentração exclusiva e privatista do poder. Na sua caracterização por Florestan, esse regime é marcado pela concentração de poder numa classe, que no limite converte "o Estado *nacional* e *democrático* em instrumento puro e simples de uma ditadura de classe preventiva" (p. 297) após tê-lo desvinculado da "clássica democracia burguesa" e atrelado a uma "versão tecnocrática da democracia restrita" (que funciona como uma "democracia de cooptação" (p. 359). Temos aqui uma brilhante caracterização de cenário político na ideia de *democracia de cooptação*, que surpreende o traço estamental no interior da própria ordem democrática em vias de emergir historicamente, ainda que de modo restrito.

Por outro lado, fica à primeira vista difícil explicar o declínio da ordem estamental em favor da ordem burguesa. Uma resposta para essa questão vai no sentido de que a ordem senhorial é minada mais por seus próprios processos internos de mudança ao longo do século XIX do que pelo atrito conflituoso com os proponentes da ordem social competitiva (ou simplesmente ordem burguesa). Um componente básico desses processos é o que aparece no livro como "burocratização" da ordem senhorial. Refere-se isto ao uso que os detentores estamentais de privilégios souberam fazer do seu acesso privativo a posições valorizadas para ocupar novos cargos gerados pela modernização da ordem legal e pelas diferenciações estruturais em curso na sociedade. Isso correspondia a uma espécie de abertura da ordem senhorial para as exigências de reorganização econômica. Essa circunstância "abriu caminho à dominação estamental propriamente dita, quanto suscitou a necessidade de se desenvolverem suportes econômicos dimensionados à sua existência e perpetuação. O privilegiamento econômico das atividades práticas das camadas senhoriais assumiu, assim, o caráter de um 'imperativo histórico'" (p. 73-74). Isso significa que, se por um lado esse processo já indicava a perpetuação de traços estamentais no interior da ordem competitiva que se anunciava, por outro envolvia a absorção de componentes daquelas camadas em atividades de mercado. E essas também impunham suas próprias regras, incompatíveis com a proteção estamental. Seja como for, de um modo ou de outro aquelas condições configuravam os limites estruturais, tanto da ordem estamental quanto da ordem burguesa que se ia criando na sociedade nacional.

A caracterização da natureza do capitalismo que ganha corpo com a revolução burguesa envolve a utilização especialmente fecunda da ideia de polarização. Discutindo as condições de desencadeamento da revolução burguesa, que na busca da incorporação da economia brasileira às economias centrais combinavam e articulavam elementos marcados pelo controle externo com outros de caráter mais autônomo, Florestan assinala que "daí podia resultar um desenvolvimento paralelo do capitalismo no Brasil". E acrescenta que

Esse capitalismo não continha, porém, as mesmas características estruturais e funcionais do capitalismo vigente nas nações dominantes. Era um capitalismo de tipo especial, montado sobre uma estrutura de mercado que possuía duas dimensões – uma estruturalmente heteronômica; outra com tendências dinâmicas autonômicas ainda em vias de integração estrutural. Por causa dessa dupla polarização, a esse capitalismo se poderia aplicar a noção de "capitalismo dependente" (p. 90).

Mesmo que leiamos essa referência a uma "dupla polarização" como referindo-se a uma polarização simples, é fundamental a caracterização da dependência como muito mais do que a mera subordinação externa. Ao mostrar que a dependência envolve uma tensa dinâmica interna de uma estrutura com uma ponta orientada por influxos externos e a outra voltada para dentro, essa caracterização assinala que se está falando da revolução burguesa, sim, mas no Brasil.

DUPLA ARTICULAÇÃO

A contrapartida *estrutural* à polarização (na qual essa estrutura assume o seu caráter *dinâmico*) exprime-se na noção de *dupla articulação*. Essa ideia de dupla articulação é da maior importância no livro, pois é dela que Florestan se vale, com conteúdo diferenciado, para analisar o desenvolvimento capitalista em momentos cruciais do século XX. Falando das primeiras três décadas do século, ele se refere a um "padrão de desenvolvimento capitalista de uma economia capitalista competitiva duplamente articulada: 1. Internamente através da articulação do setor arcaico ao setor moderno, ou urbano comercial [...] 2. Externamente, através da articulação do complexo econômico e agrário-exportador às economias capitalistas centrais" (p. 241). Observe-se, de passagem, que se na expressão "duas polarizações" talvez o termo "duas" esteja sobrando, quando se fala de "dupla articulação" é de dupla mesmo que se trata. E isso é essencial no argumento. Está em jogo uma articulação de duas articulações. Vale dizer, determinadas *relações* internas articulam-se com determinadas *relações* externas.

As consequências desse traço estrutural básico aparecem explicitamente quando se discute o período mais recente e se alcança um enunciado mais abrangente.

> *A dupla articulação não cria, apenas, o seu modelo de transformação capitalista. Ela também engendra uma forma típica de dominação burguesa, adaptada estrutural, funcional e historicamente, a um tempo, tanto às condições e aos efeitos do desenvolvimento desigual interno, quanto às condições e aos efeitos da dominação imperialista externa. É preciso partir dessa constatação fundamental, se se quiser entender, sociologicamente, as aspirações socioeconômicas e as identificações políticas das classes que compõem a burguesia no Brasil – e, em particular, ao modo pelo qual essas classes aplicaram, concretamente, suas fórmulas de revolução nacional (p. 300).*

Em suma, "a *revolução nacional* continuaria a ser dimensionada pela infausta conjugação orgânica de desenvolvimento desigual interno e dominação imperialista externa".

A ideia da *dupla articulação* ganha todo o seu sentido na análise de Florestan quando examinada junto com sua contrapartida, a ideia de *polarização dinâmica*. Por um lado, encontramos a polarização dinâmica, que se opõe à mera adaptação. A polarização projeta pontas opostas, tensiona e abre espaço para a presença de novas tendências e forças. Já a adaptação, como o termo indica, deixa tudo correr como está, e vai se ajustando a isso segundo suas conveniências do momento. Na realidade ambas essas faces do processo histórico operam juntas, mas não necessariamente de modo simétrico, ou equilibrado. Ora prevalece uma, ora outra. Como face estrutural do processo, a dupla articulação envolve intrinsecamente a adaptação. Claro que um processo de transformação em grande escala de uma sociedade (nesse sentido, uma revolução) que opere só em termos adaptativos é um contrassenso, da perspectiva da sociedade em questão. Isso significa, desde logo, que o problema da revolução burguesa no Brasil em grande medida se traduz na questão da capacidade da burguesia de abrir espaço para polarizações dinâmicas (com caráter "construtivo", que alcem a sociedade para um novo patamar). Certamente o risco disso é grande para a própria dominação burguesa, como Florestan não perde oportunidade de lembrar. Significa abrir espaço para a emergência de novas forças sociais, não só no interior da burguesa (como "frações de classe" ou, no plural que também se encontra no livro, como "classes burguesas") mas também no seu exterior. Isto ganha condições de ocorrer mediante a organização crescente no interior do campo "popular", especialmente no caso dos trabalhadores industriais (cujas tendências de mudança interna e de organização Florestan traça em termos que permitiriam prenunciar a formação do Partido dos Trabalhadores, no final da década de 70). Por outro lado, já se anuncia também o modo como ele vai caracterizar a atuação da burguesia como classe à medida que a "revolução burguesa" vai desdobrando suas potencialidades. Na sua análise, essa atuação vai assumindo cada vez mais um caráter defensivo (ao ponto de a revolução de 1964 aparecer como uma "ditadura de classe preventiva"). Prevalece, portanto, a aposta histórica da burguesia na atuação adaptativa, de ajuste ou acomodação, pela qual tendem a enrijecer-se os traços estruturais da dupla articulação (e, por essa via, da dependência). Fica relegado para segundo plano o avanço da transformação da sociedade por meios autônomos, com as polarizações dinâmicas que isso necessariamente envolve e os riscos correspondentes.

Mais uma vez temos, portanto, duas dimensões da análise entre as quais se dá um jogo sutil, cujos lances despontam aqui e ali em pontos estratégicos da exposição. A ideia que dá sentido a essas formulações é talvez a construção mais fascinante do livro, que acabou sendo incorporada no título de outra importante obra de Florestan da mesma época (e bem poderia ter entrado no título desta que estamos acompanhando). Trata-se da imagem do *circuito fechado*. Primeiro ela surge associada à dupla articulação:

> *O fato da revolução nacional estabelecer-se segundo semelhante circuito fechado não invalida nem limita*

o significado estrutural, funcional e histórico que ela deveria ter e tem para as classes burguesas. O problema crucial, para estas, é a integração nacional de uma economia capitalista em diferenciação e em crescimento, sob as condições e os efeitos inerentes à dupla articulação – isto é, ao desenvolvimento desigual interno e à dominação imperialista externa" (p. 302).

Mas essa imagem do circuito fechado não esgota seu significado na referência *estrutural* à dupla articulação. Na realidade ela permite vincular essa referência à outra, de caráter *dinâmico*, da polarização. Ao desempenhar esse papel na análise (ainda que apareça pouco no texto), a ideia de circuito fechado permite associar de maneira plástica o modo peculiar como se entrelaçam nesse processo histórico a face estrutural e a face dinâmica da sociedade. Em termos dos processos efetivos examinados, a aplicação dessa imagem resulta num retrato da burguesia no Brasil como empenhada, de modo ativo e por vezes até frenético, em algo que mais se assemelha ao gato perseguindo o próprio rabo; só que sem o caráter gracioso e inofensivo disso.

MARCAS INDELÉVEIS

Por outro lado, está claro para Florestan, sobretudo quando trata da "formação da ordem social competitiva", que a condução histórica da emancipação nacional e da abolição do regime de trabalho escravo deixou marcas indeléveis na constituição da sociedade burguesa e da ordem econômica capitalista, para o bem e para o mal. Desencadeou desenvolvimentos que são "fundamentais para o aparecimento do *Brasil moderno*". Na análise isso se apresenta, como foi sugerido acima, no jogo que se desenvolve entre duas noções (polarizadas, como não poderia deixar de ocorrer em Florestan): a de polarização, que já examinamos, e a de adaptação, ou de acomodação. Uma passagem do exame das condições de emergência do capitalismo no interior da ordem social escravocrata e senhorial novecentista permite perceber bem este ponto importante:

> *A falta de elasticidade da ordem social escravocrata e senhorial, diante da emergência e da expansão do capitalismo como uma realidade histórica interna, gerou uma acomodação temporária de formas econômicas opostas e exclusivas. Dessa acomodação resultou uma economia "nacional" híbrida, que promovia a coexistência e a interinfluência de formas econômicas variavelmente "arcaicas" e "modernas", graças à qual o sistema econômico adaptou-se às estruturas e às funções de uma economia capitalista diferenciada, mas periférica e dependente (pois só o capitalismo dependente permite e requer tal combinação do "moderno" com o "arcaico", uma descolonização mínima, com uma modernização máxima) (p. 176).*

À primeira vista poderia causar estranheza que a acomodação se deva à "falta de elasticidade" de uma ordem social, ao invés de resultar de elasticidade excessiva. Afinal essa rigidez gerou acomodação, e não resistências duras. É verdade que essa adaptação acaba revelando-se necessária, pois sua referência é o capitalismo dependente, que não só permite como "requer" a combinação resultante. Mas, se a acomodação adaptativa é insuficiente, o que poderia ser mais eficiente nesse passo? Certamente não seria um incremento de rigidez. Ao invés disso, seria uma *maior capacidade de polarização*; algo que, com sua clara definição dos agentes, a ordem social competitiva permitiria, mas que não encontra espaço na ordem senhorial. Nesta não há polarização. Ou há acomodação entre "iguais" ou há exclusão ou, finalmente, há subjugação na sua expressão mais direta e, no limite, a eliminação dos oponentes irredutíveis. Mas o argumento de Florestan é precisamente que, ao absorver traços da ordem estamental que se propunha substituir, a burguesia brasileira incorporou timidez que inibe a dimensão construtiva da polarização.

Esta última formulação permite retomar por outro ângulo (um dos procedimentos favoritos de Florestan, por sinal) o fato de que essa polarização é para ele um processo com nítidas consequências construtivas, para usar sua linguagem. Quando ela não ocorre nas situações que estrutural e dinamicamente tendem a solicitá-la, sua ausência não é casual. Deve-se à incapacidade dos agentes sociais e políticos situados em posições estratégicas para definir com clareza e sobretudo com autonomia seus objetivos e as condições para atingi-los. Essas situações, que requerem opções fortes e agentes prontos para tanto, definem aquilo que em termos negativos poderia ser designado por "dilema" (de novo um termo caro a Florestan, embora pouco presente na sua análise da revolução burguesa) mas que em termos positivos constitui uma *oportunidade histórica*, que uma vez perdida não mais retorna.

Falando de etapa mais recente do desenvolvimento capitalista no Brasil, já na segunda metade do século XX, Florestan faz uma avaliação severa da burguesia brasileira no tocante à sua atuação econômica:

> *A burguesia brasileira não conseguiu levar a cabo a revolução, nas condições com que se defrontava (com dificuldades inerentes não só a uma economia competitiva dependente e subdesenvolvida, mas às pressões desencadeadas [...] pelas grandes corporações e por economias centrais que operavam em outra escala). [...] Assim, a burguesia brasileira perdeu sua "oportunidade histórica" porque, em última instância, estava fora do seu alcance neutralizar os ritmos desiguais de desenvolvimento do capitalismo [...]. (p. 260).*

Aqui cabem duas observações, ambas referentes a aspectos da argumentação de Florestan. A primeira diz respeito ao próprio modo como ele organiza sua análise. Tem mais a ver com questões de método, portanto. A segunda tange questões mais substantivas, relativas ao que significa falar dessa oportunidade perdida.

Em primeiro lugar, a leitura dessa passagem pode causar estranheza ou mesmo sugerir incoerência com relação a um ponto central. Afinal como se pode falar de "perder uma oportunidade" se realizá-la estava "fora do alcance" do agente? Aqui se encontra, ainda que de modo implícito, um exemplo da maneira como Florestan orienta sua visão do tema que está examinando. Duas dimensões estão presentes: os agentes, que fazem opções, aproveitam ou perdem oportunidades e assim por diante; e as condições estruturais em que as ações desses agentes se inserem. Importante é que Florestan sempre olha ambas essas dimensões com a atenção voltada para as *relações* entre elas e especialmente para os seus aspectos *dinâmicos*. No caso dos agentes isso quer dizer: percepção (inteligente ou não) das condições em que agem e dos seus objetivos, e empenho (com níveis diferenciados de eficiência) na sua consecução. No caso das estruturas (e a mais abrangente é a sociedade toda) a coisa é mais complicada. Aqui a questão é a de reconhecer um *tipo* de estrutura. É como se a sociedade fosse observada como algo em construção, com sua armação básica já definida. Trata-se de identificar um tipo de sociedade; ou seja, trata-se de discernir o formato básico que os traços que exibe aqui e agora permitem dizer que ela poderá apresentar se completar seu desenvolvimento nessa mesma linha. A ideia subjacente é que, dada uma certa linha de desenvolvimento, a tendência é ir até o fim, até incorporar o conjunto de traços que definem um tipo (a ordem social competitiva, digamos). Com base nisso, trata-se de examinar como uma sociedade tende, no modo como funciona, a realizar esse tipo; ou, alternativamente, como e por que não chega a alcançar plenamente o tipo para o qual tende.

Nessas condições é possível reler a passagem acima como inteiramente coerente, na medida em que assinala *dois* malogros e não um só, o da burguesia que perde sua oportunidade. É que, do ponto de vista estrutural e dinâmico (de novo esses dois termos tão caros a

Florestan), a sociedade toda também realiza o análogo a uma perda de oportunidade histórica. O tipo para o qual ela tende, na vigência irrestrita da revolução burguesa, é o de uma ordem social competitiva, politicamente organizada com um regime democrático representativo com predomínio burguês, e com uma ordem econômica capitalista autônoma e dotada de instâncias e mecanismos internos de decisão eficazes. Mas, especialmente no momento em que o livro foi escrito, nenhuma dessas condições se realizava plenamente no Brasil, nem havia razão para supor que as três pudessem realizar-se simultaneamente em algum momento.

25 ANOS DEPOIS

No plano político o quarto de século que decorreu desde a redação da parte final do livro permite ver mudanças: o regime autocrático burguês de que fala Florestan foi substituído por formas mais amplas, embora ainda restritas, de legitimidade democrática, com o respaldo da Constituição de 1988. Restam duas questões: podem as três condições enunciadas acima como intrínsecas à cabal realização da revolução burguesa – ou seja, vigência da ordem social competitiva no plano social, da democracia representativa no plano político e da autônoma nacional no plano econômico – ser satisfeitas simultaneamente? E, no ponto mais delicado da análise: o regime democrático representativo burguês constitui tendência estrutural da sociedade brasileira tal como se deu nela a revolução burguesa ou, pelo contrário, há uma afinidade intrínseca, ainda que só manifesta em situações críticas, entre a burguesia que aqui se formou e um regime do tipo que Florestan denomina autocrático burguês? A resposta de Florestan a esta questão é inequívoca: numa sociedade capitalista dependente como a brasileira verifica-se "uma forte dissociação *pragmática* entre desenvolvimento capitalista e democracia; ou uma forte associação racional entre desenvolvimento capitalista e autocracia" (p. 292). Em suma, o regime compatível com a natureza peculiar da revolução burguesa no Brasil traz o timbre de uma classe dominante que, não obstante estar inscrita historicamente num processo de transformação da sociedade, não suporta a polarização (e, portanto, também o conflito de classes) e, sob pressão, recua para a acomodação econômica e social e para o despotismo político.

Entretanto, passagem anterior do livro já apresentava a advertência de que o capitalismo no seu formato contemporâneo, monopolista portanto, não poderá prevalecer "com base na violência institucionalizada e na opressão permanente" (p. 270), pois a pura imposição é uma "técnica precária, que se esgotará em duas ou três décadas, se não antes disso". Será difícil negar a acuidade da visão de Florestan dos ritmos históricos escrevendo de olho no regime ditatorial iniciado em 1964: em meados da década de 1980 o regime esgotou sua vigência, em 1988 uma nova Constituição serviria de marco para o processo de "redemocratização", como ficou conhecido. Todavia, Florestan, que viria a participar da Assembleia Constituinte, em nenhum momento viu razão para abandonar os pontos fundamentais de sua análise. A dificuldade mais funda está na incapacidade desse capitalismo de conquistar o apoio concreto das "maiorias silenciosas dos pobres e excluídos", coisa que Florestan não vê como possível. No fundo disso tudo está que,

> *Mantida a dupla articulação, a alta burguesia, a burguesia e a pequena burguesia "fazem história". Mas fazem uma história de circuito fechado ou, em outras palavras, a história que começa e termina no capitalismo competitivo dependente. Este não pode romper consigo mesmo. Como a dominação burguesa, sob sua vigência, não pode romper com ele, a economia capitalista competitiva da periferia fica condenada a dar novos saltos através de impulsos que virão de fora, dos dinamismos das economias capitalistas centrais (p. 250).*

Não houve, então, revolução burguesa no Brasil, e muito menos haverá? Estamos diante do relato de uma experiência histórica frustrada? Não se trata disso. O que Florestan mostra é que *esta* é a revolução burguesa que teve como se realizar na trajetória histórica concreta da sociedade brasileira. A burguesia fez e faz o que está ao seu alcance dentro da sua perspectiva de classe. Os seus limites não são apenas os do seu campo de formação e atuação (do contrário passaríamos da imagem da "burguesia frustrada" para a da "burguesia vítima"). Os limites históricos de uma classe só podem ser estabelecidos por outra classe. Na ausência disso o poder de uma classe na sua relação com as outras classes da sociedade se concentra sem freios, por mais diminuto que seja na sua relação com grupos econômicos e outras instâncias de poder externas. Em suma, converte-se, no interior da sociedade, em alguma forma de autocracia.

O que Florestan nos diz é que, deixada a burguesia, numa sociedade como a brasileira, solta e à sua sorte, sua revolução, aquela que a leva a conformar a sociedade à sua imagem e semelhança, não tem como ser democrática e sempre estará sob o encanto da solução autocrática. Portanto, não revolução burguesa e muito menos revolução democrático-burguesa, mas revolução autocrático-burguesa. E não avanço autônomo e progressivo da classe burguesa, mas aceleração confinada num circuito fechado, que exige outras forças históricas para se abrir.

O TUPI E A REAÇÃO TRIBAL À CONQUISTA

Vários grupos tribais etnicamente distintos habitavam o Brasil no período da conquista. No entanto, apenas tribos pertencentes ao estoque linguístico Tupi foram descritas de forma relativamente extensa e precisa. A razão deste fato é simples. Os Tupi entraram em contato com os portugueses em quase todas as regiões que eles tentaram ocupar e explorar colonialmente. Foram, ao mesmo tempo, a principal fonte de resistência: organizada aos desígnios dos *colonizadores* e o melhor ponto de apoio com que eles contaram, entre as populações nativas.

Ainda hoje se mantém o "mito" de que os aborígines, nesta parte da América, limitaram-se a assistir à ocupação da terra pelos portugueses e a sofrer, passivamente, os efeitos da colonização. A ideia de que estavam em um nível civilizatório muito baixo é responsável por essa presunção. Todavia, nada está mais longe da verdade, a julgar pelos relatos da época. Nos limites de suas possibilidades, foram inimigos duros e terríveis, que lutaram ardorosamente pelas terras, pela segurança, pela liberdade, que lhes eram arrebatadas conjuntamente.

O desfecho do processo foi-lhes adverso. Mas nem por isso deve-se ignorar que esse processo possui duas faces. Nós temos vivido da face que engrandece os efeitos dos portugueses, alguns quase incríveis, vistos de uma perspectiva moderna. Porém, se houve heroísmo e coragem, entre os *brancos*, a coisa não foi diferente do lado dos aborígines. Apenas o seu heroísmo e a sua coragem não movimentaram a história, perdendo-se irremediavelmente com a destruição do mundo em que viviam.

Neste capítulo, cabe-nos descrever os aspectos mais importantes da organização das sociedades tupi e procurar nela os fatores que permitem explicar, sociologicamente, o padrão desenvolvido de reação à conquista. É duvidoso que os dados de que dispomos revelem essas sociedades tais quais elas eram no *ponto zero* da história do Brasil. Contudo, podemos supor que, por seu intermédio, chega-se a conhecer algo que estava bem próximo dele, o que atende às exigências empíricas da análise a ser feita.

1. O SISTEMA TRIBAL DE RELAÇÕES SOCIAIS

Os Tupi que são melhor descritos pelas fontes quinhentistas e seiscentistas habitavam o litoral nas regiões correspondentes aos atuais Estados do Rio de Janeiro, da Bahia, do Maranhão e do Pará.[1] Eles praticavam a horticultura, a coleta, a caça e a pesca,

1. Sobre a qualidade das informações contidas nas fontes quinhentistas e seiscentistas; cf. F. Fernandes, 1949 (b). Uma discussão completa da distribuição dos Tupinambá encontra-se em F. Fernandes, 1949 (a), cap. I.

possuindo o equipamento material que permitia a realização dessas atividades econômicas.[2] Sua mobilidade no espaço era relativamente grande. Essas atividades eram realizadas sem nenhuma tentativa de preservação ou de restabelecimento de equilíbrio da natureza. Por isso, a exaustão relativa das áreas ocupadas exigia tanto o deslocamento periódico dentro de uma mesma região, quanto o abandono dela e a invasão de outras áreas, consideradas mais férteis e ricas de recursos naturais.[3] O que quer dizer que a migração era utilizada como uma técnica de controle indireto da natureza pelo homem. Quando se rompia o equilíbrio entre as necessidades alimentares e os recursos proporcionados pelo meio natural circundante, as populações se deslocavam de um modo ou de outro. Em suma, a terra constituía o seu maior bem. O grau de domesticação do meio natural circundante, assegurado pelos artefatos e técnicas culturais de que dispunham, fazia com que a sua sobrevivência dependesse, de modo intenso e direto, do domínio ocasional ou permanente da região e do espaço que ocupassem.

Esse domínio era exercido em termos do poder de uma entidade complexa, que chamaremos de "tribo". Pouco se sabe a respeito da composição e do funcionamento dessa unidade inclusiva. A única coisa evidente é que ela abrangia certo número de unidades menores, as "aldeias" (ou grupos locais), distanciadas no espaço mas uni-

---

2. A respeito da cultura material dos Tupinambá: A. Métraux, 1928 (a); Estêvão Pinto, 1938.
3. Os temas relativos às relações dos Tupinambá com a natureza são analisados por F. Fernandes, 1949 (a), cap. II.

das entre si por laços de parentesco e pelos interesses comuns que eles pressupunham, nas relações com a natureza, na preservação da integração tribal e na comunicação com o sagrado. Na vida quotidiana os indivíduos podiam agir, largamente, como membros da ordem existencial criada pelo grupo local. Mas, em assuntos relacionados com o deslocamento da tribo de uma região para outra, a circulação das mulheres entre as parentelas, a realização de uma expedição guerreira, o sacrifício de inimigos etc., as ações eram reguladas pela referida teia de interesses comuns.

Os grupos locais compunham-se, em média, de quatro a sete malocas ou habitações coletivas. Estas eram dispostas no solo de modo a deixar uma área quadrangular livre, o *terreiro*, bastante ampla para a realização de cerimônias como as reuniões do conselho de chefes, o massacre e a ingestão das vítimas, as atividades religiosas lideradas pelos pajés, as festas tribais etc., as quais, muitas vezes, também envolviam a participação dos membros dos grupos locais vizinhos. Em zonas sujeitas ao ataque de grupos tribais hostis, as malocas eram circundadas por uma estacada ou *caiçara*, feita com troncos de palmeiras rachados, ou por um duplo sistema de paliçadas, entre os quais colocavam estrepes agudos e cortantes. Esse sistema de defesa pode ser apreciado em uma das xilogravuras de Staden.

As malocas teriam uma largura constante, variando seu comprimento de acordo com o número de moradores. Nela viviam, segundo as estimativas mais baixas, de cinquenta a duzentos indivíduos, agrupados nas subdivisões internas reservadas aos lares políginos, de vinte a quarenta em cada maloca, conforme também as estimativas mais baixas.[4] O acesso e a saída dos indivíduos eram feitas por três aberturas, duas localizadas nas extremidades e, outra, no centro da maloca. Enquanto duravam os materiais de que eram construídas, proporcionavam boa renovação do ar e abrigo confortável contra a inclemência do sol ou os excessos da chuva. A vida desenrolava-se dentro dela no sentido mais amplo possível. As mulheres cozinhavam na maloca; as refeições eram tomadas nos *lanços* pertencentes a cada lar polígino; o mesmo ocorria com outras atividades, relacionadas com as conversações dos parentes, com o intercurso sexual, com a recepção dos hóspedes etc. Nada podia ser segredo para ninguém e todos compartilhavam das experiências quotidianas de cada um.

Em virtude da importância da natureza na economia tribal, a localização do grupo local na porção de territórios, dominados pela tribo, que lhe era destinada, constituía um problema de ordem vital. Dela dependiam o provimento fácil e contínuo de água potável, de lenha para a cozinha ou para fornecer calor à noite, de mantimentos que precisavam ser obtidos em condições de segurança (por exemplo, pela proximidade de rios piscosos e da costa marítima, de terrenos férteis para plantação, de bosques ricos de caça etc.). Além disso, outras condições precisavam ser tomadas em conta, relativas à defesa do grupo local, ao arejamento e à disponibilidade de materiais para a construção das malocas. Por isso, esse assunto caía na órbita de decisão do conselho de chefes e dava

4. Sobre o tamanho e a população das malocas, bem como dos grupos locais, conforme dados reunidos por F. Fernandes, 1949 (a), p. 61-64.

origem a soluções em que prevaleciam os interesses da coletividade como um todo.

De acordo com informação de Gandavo, confirmada por outras fontes, "em cada casa destas vivem todos muito conformados, sem haver nunca entre eles nenhumas diferenças; antes são tão amigos uns dos outros, que o que é de um é de todos, e sempre de qualquer coisa que um coma, por pequena que seja, todos os circunstantes hão de participar dela".[5] O mesmo padrão básico de cooperação vicinal aplicava-se às relações dos membros das malocas que faziam parte de um grupo local. Os produtos da caça, da pesca, da coleta e das atividades agrícolas pertenciam à parentela que os conseguisse. Não obstante, se houvesse escassez de mantimentos ou se fosse imperativo retribuir a presentes anteriores, eles eram divididos com os membros de outras parentelas ou distribuídos entre os componentes de todo o grupo local. Como escreve Léry, em congruência com outros autores da época, "mostram os selvagens sua caridade natural presenteando-se diariamente uns aos outros com veações, peixes, frutas e outros bens do país; e prezam de tal forma essa virtude que morreriam de vergonha se vissem o vizinho sofrer falta do que possuem".[6]

O crescimento demográfico dos grupos locais, além dos limites da eficiência do sistema adaptativo tribal, criava condições para conflitos. Estes não se formavam, abertamente, na área do provimento e distribuição dos recursos naturais. Antes, explodiam nas lutas entre parentelas, por exemplo, motivadas por ações re-

5. P. M. Gândavo, História, p. 119.
6. Léry, Jean de, Viagem, p. 211.

prováveis e que quebravam a solidariedade tribal, se não fossem reparadas, como o rapto de mulheres.[7] Nesse caso, as parentelas antagônicas separavam-se e todo o sistema de solidariedade intergrupal precisava ser recomposto. Todavia, o meio normal para a solução dessas tensões consistia na formação contínua de novas malocas, a qual promovia uma espécie de redistribuição da população produtiva. Essa é a alternativa que se apresenta nos casos em que algum principal, contando com número suficiente de mulheres, em seu lar polígino (filhas, sobrinhas ou agregadas), cedia-as em casamento a jovens que se dispunham a aceitar sua autoridade. Com o tempo, surgia assim uma nova maloca, frequentemente integrada no mesmo grupo local.

A divisão de trabalho, nos grupos locais, obedecia a prescrições baseadas no sexo e na idade. As mulheres ocupavam-se com os trabalhos agrícolas (desde o plantio e a semeadura até a conservação e a colheita) e as atividades de coleta (de frutas silvestres, de mariscos etc.), colaboravam nas pescarias, indo buscar os peixes flechados pelos homens, transportavam produtos das caçadas, aprisionavam as formigas voadoras, fabricavam as farinhas, preparavam as raízes e o milho para a produção de *cauim* e encarregavam-se da salivação dele, fabricavam o azeite de coco, fiavam o algodão e teciam as redes, trançavam os cestos e cuidavam da cerâmica (tanto da factura de panelas, alguidares, potes para *cauim* etc., quanto de sua ornamentação e cocção), cuidavam dos animais domésticos, realizavam todos os serviços domésticos, relacionados

7. Os dados a respeito de tais consequências de rapto de mulheres encontram-se em: G. Soares, Tratado, p. 363.

com a manutenção da casa ou com a alimentação, e dedicavam-se a outras tarefas, como a depilação e tatuagem dos homens pertencentes a seu lar, e catamento de piolhos deles ou das mulheres do grupo doméstico, a preparação do corpo das vítimas humanas para a cerimônia de execução e para o repasto coletivo etc.

Os homens ocupavam-se com a derrubada e a preparação da terra para a horticultura, entregando-a pronta para o plantio às mulheres. (encarregavam-se, pois, da queimada e da primeira limpa), praticavam a caça e a pesca, fabricavam as canoas, os arcos, as flechas, os tacapes e os adornos, obtinham o fogo, por processo rudimentar, construíam as malocas, cortavam lenha, fabricavam redes lavradas e, com manifestação de carinho, podiam tatuar a mulher, auxiliavam-na no parto, etc. É claro que a proteção das mulheres, crianças e velhos era atividade masculina, bem como a realização de expedições guerreiras e o sacrifício de inimigos ou de animais como a onça, que rendiam um novo "nome" ao sacrificante. As atividades xamanísticas também constituíam prerrogativa masculina embora existam referências esporádicas à participação das mulheres nelas e nas atividades guerreiras (na qualidade de combatentes, nos casos de mulheres tríbades). A mulher suportava uma carga extremamente pesada no sistema de ocupações. Mas prevalecia a interdependência de trabalhos e serviços, de modo que eles se completavam e amparavam mutuamente.

Os Tupi ignoravam a exploração econômica do trabalho escravo. Seus cativos eram tratados como membros do "nosso grupo" até a data do sacrifício. Doutro lado, a pobreza do sistema tecnológico os compeliam a tirar o maior proveito do organismo humano e de suas energias, em todo gênero de atividade, bem como a combinar a capacidade de trabalho individual em diferentes fins. Como salienta Cardim, tratando do mutirão: "Assim quando hão de fazer algumas coisas, fazem vinhos e avisando os vizinhos, e apelidando toda a povoação lhes rogam que queiram ajudar em suas roças, o que fazem de boa vontade, e trabalhando até as dez horas tornam para as suas casas a beber os vinhos, e se aquele dia se não acabam as roçarias, fazem outros vinhos e vão outro dia até dez horas acabar seu serviço".[8] Naturalmente, os serviços assim prestados deviam ser retribuídos, o que engendrava um complexo sistema de compensações recíprocas e adiadas. Encarando as relações dos indígenas desse ângulo, alguns cronistas sentiram-se tentados a supor que eles vivessem num regime de *commutatione rerum*.[9] No entanto, como percebeu muito bem d'Abbe-ville, nesse sistema comunitário havia lugar para diversas gradações: "Embora possuam alguns objetos e roças particulares, não têm o espírito da propriedade particular e qualquer um pode aproveitar-se de seus haveres livremente".[10]

Graças às relações de interdependência descritas, indivíduos e parentelas uniam-se nos grupos locais através de laços extremamente fortes, que imprimiam à ordem comunitária uma realidade

8. F. Cardim, Tratados, p. 152.
9. Cardim, Tratados, p. 152; Nóbrega, Cartas do Brasil, p. 91; cf. tb. Staden, Duas Viagens, p . 172.
10. C. D'Abbeville, História, p. 95. Os adornos, especialmente, caíam na categoria dos bens de posse pessoal: "Seus tesouros são penas. Quem as tem muitas é rico e quem tem cristais para os lábios e faces é dos mais ricos" (Staden, p. 172).

vicinal. Mas, acima desses laços e atravessando-os como base morfológica geral, estava uma teia ainda mais vigorosa de associação e de interdependência: o parentesco. Ele ligava no plano mais amplo da unidade tribal, articulando entre si grupos locais separados no espaço e isolados uns dos outros, por causa das dificuldades de contato. As atividades que davam conteúdo ou eficácia à ordem tribal dele derivavam ou nele encontravam seu fundamento. Assim, as expedições guerreiras, através das quais se estabelecia e mantinha o domínio tribal sobre os territórios ocupados, prendiam-se diretamente à necessidade de sacrificar vítimas humanas aos espíritos dos ancestrais e dos parentes mortos.[11] A própria distinção entre o *nosso grupo* (nossa gente) e o *grupo dos outros* (inimigos) emanava de parentesco, "tanto que cada aldeia contém somente seis ou sete casas, nas quais se não se interpusessem o parentesco ou aliança, não poderiam viver juntas e uns e outros se devorariam".[12]

Pelo que vimos, as relações dos sexos eram de molde a fazer com que a adaptação do homem às condições tribais de existência dependesse, extremamente, de atividades realizadas pela mulher. Anchieta assevera que "se acertam de não terem mãe ou irmãs, que tenham cuidado deles, são coitados".[13] Assegurar aos membros masculinos do grupo doméstico oportunidades de casamento cons-

11. Esses aspectos da organização social não poderão ser examinados aqui. Veja-se, a respeito, F. Fernandes, 1952.
12. Anchieta, Cartas, p. 45. A mesma fonte salienta que, quando se convertia um índio tupi, tornava-se dificílimo "achar mulher que, por causa do parentesco de sangue, possa ser tomada por esposa" (idem).
13. Ibid.

tituía, portanto, algo essencial. Como acontecia com os serviços e com os cativos, as mulheres circulavam entre as parentelas como se fossem bens. O "tio" ou "primo" (primo cruzado), que herdassem uma "sobrinha" ou uma "prima" (prima cruzada), tinham que compensar seus parentes, mais tarde, retribuindo de forma idêntica o benefício recebido. Essas duas modalidades de casamento preferencial permitiam resolver o problema da obtenção de esposas para os componentes casadoiros do grupo doméstico e, ainda, favorecia o aumento do prestígio da parentela, nos casos em que o "tio" apenas utilizasse seus direitos sobre as "sobrinhas" para atrair jovens a sua maloca (com intuito de formar ou de aumentar sua unidade de caça e pesca, seu bando guerreiro e, às vezes, de constituir uma maloca independente).

Em resumo, pois, os Tupi praticavam o casamento preferencial na forma avuncular (matrimônio de tio materno com a sobrinha) e na de matrimônio entre primos cruzados. Dessa maneira, alianças estabelecidas entre parentelas distintas passavam a renovar-se indefinidamente, o que preservava a solidariedade baseada nos laços de parentesco.[14] Mas também era possível obter esposa fora do circuito estabelecido de compensações: um pretendente podia conseguir uma noiva noutra parentela e casar-se com ela. Nessa circunstância, obrigava-se a prestar serviços aos pais, tios e irmãos da noiva, antes e depois do casamento. Passava a viver como uma espécie de dependente no grupo doméstico do sogro. Era tal o volume das obrigações assim contraídas, que Thevet afirma que passavam "sua vida na

14. Sobre esse e outros aspectos do funcionamento do sistema de parentesco, cf. F. Fernandes, 1949 (a), cap. III.

maior servidão que o homem pode imaginar".[15] É claro que, com o tempo, esses liames de dependência podiam ser removidos ao nascer uma filha do casal ou pela herança de uma "sobrinha" ou "irmã", a família da esposa podia ser compensada pela perda sofrida e o marido, se o desejasse, retornaria com ela à maloca dos seus.

Daí se conclui que, pelo casamento, o homem tanto podia continuar no próprio grupo doméstico (patrilocalidade como alternativa inerente ao matrimônio avuncular e a certas formas de casamento entre primos cruzados), quanto passar a fazer parte da família da noiva (alternativa inerente à escolha da noiva fora do próprio grupo doméstico e a algumas formas de casamento entre primos cruzados). Além das consequências desses arranjos, na obtenção das esposas, é preciso considerar que as parentelas também procuravam facilitar o primeiro casamento de seus membros masculinos. Para poder casar-se, o jovem precisava "trocar de nome", mediante o sacrifício de uma vítima humana. Não era fácil conseguir isso por meios pessoais, pois a guerra envolvia situações complicadas e perigosas para os inexperientes. As parentelas fortes e influentes simplificavam as obrigações, através do presenteamento da primeira vítima. Mais tarde, o jovem beneficiado teria de recompensar: o "irmão" ou o "tio", oferecendo-lhe um prisioneiro próprio. Mas, então, já estaria casado e competindo com os homens da mesma idade (por outras vítimas e outras esposas) com vantagens apreciáveis. Doutro lado, como os velhos podiam reter as mulheres mais jovens como esposas, tal vantagem também favorecia a escolha de uma esposa da mesma geração ou mais jovem. Como indicam

15. Fr. A. Thevet, Cosmographie, fl. 932.

várias fontes, em outras circunstâncias, o jovem precisava conformar-se, muitas vezes, com esposas velhas e até estéreis.

O aumento do número de esposas dependia de diversas condições. A importância e a extensão da parentela; o significado assumido por "alianças" com os membros delas através da teia de obrigações criadas pela troca de mulheres; o valor do indivíduo como xamã, guerreiro, chefe de família, caçador ou pescador. O fato é que a competição por prestígio e influência, entre as parentelas, realizava-se amplamente em torno do aumento do número de mulheres e que os homens bem sucedidos conseguiam logo mais duas ou três mulheres. A família polígina abrangia, em média, três ou quatro esposas. Alguns cabeças de parentela, como o célebre Cunhambebe, contavam com um número maior de esposas (segundo Thevet, ele possuiria treze mulheres: oito no lar e cinco pelos grupos locais vizinhos, o que significa que dispunha de cinco "sobrinhas" que podiam ser tratadas como esposas potenciais). Pelas indicações dos cronistas, é presumível que surgissem desentendimentos entre elas, provocados pelos ciúmes resultantes das preferências do marido. Uma das esposas podia ser eleita a predileta (*temericô ête*), passando a substituir as demais nos papéis de parceira sexual. No entanto, prevalecia em seu tratamento mútuo certa harmonia, reforçada pelo respeito devido às mulheres mais velhas e à autoridade do marido. A seguinte opinião parece definir bem a situação: "e de ordinário [as primeiras mulheres] têm paz com suas comborças, porque tanto as têm por mulheres de seus maridos como a si mesma".[16]

16. Anchieta, Cartas, p. 448. Essa opinião é confirmada por numerosas fontes da época.

A mesma urbanidade foi notada pelos cronistas nas relações das esposas com o marido e no tratamento dos filhos dele. Com referência a este assunto, parece conveniente ressaltar que todos os filhos eram considerados como igualmente legítimos, recebendo o mesmo tratamento por parte do pai. As noções tupis de concepção apontavam-no como um agente da reprodução, "porque não atribuíam nada da geração à mãe, antes consideravam que somente o pai é o autor, e que essa substância, sendo sua, ele a deve alimentar, sem respeitar uns mais do que os outros".[17] Isso explica por que, quando do nascimento do filho, cabia-lhe observar o resguardo (*couvade*) e realizar diversas cerimônias, relacionadas com o bem-estar ou com a integração da criança à comunidade. Os castigos eram proscritos, na educação dos filhos, encarando-se a polidez e o respeito mútuo com o meio "ideal" para dirigir sua vontade e incitá-los a imitar os exemplos dos mais velhos. Esses traços revelam-se também noutras esferas do tratamento recíproco, como, por exemplo, na chamada *saudação lacrimosa*, durante a qual recebiam os parentes (ao retornarem de viagens longas) ou de outros grupos locais e os «estranhos» aceites como *aliados*. Mas eram particularmente fortes no intercâmbio afetivo dos pais com os filhos ou dos irmãos entre si. Aqueles "estimam mais fazerem bem aos filhos que a si próprios", enquanto estes "são obedientíssimos a seus pais e mães, e todos muito amáveis e aprazíveis".[18] Os irmãos, por sua vez, tinham "muito particular amor [pelas irmãs],

17. Thevet, Cosmographie, fls. 933-934.
18. Cardim, Tratados, p. 150 e 274, respectivamente.

como elas também toda a sujeição e amor aos irmãos com toda a honestidade".[19]

O funcionamento do sistema tribal de ações e de relações sociais, nos dois planos em que o consideramos (no da organização do grupo local e no da integração do sistema de parentesco), envolvia situações em que o passado se renovava, praticamente, de modo contínuo no presente. As regras e normas estabelecidas para situações já vividas podiam ser aplicadas, com eficiência inalterável, às situações novas, em que se mantivesse a integridade estrutural e funcional da organização tribal. O homem e a mulher sabiam como agir nas diversas atividades relacionadas com a caça, com a pesca, com a horticultura, com a repartição de víveres, com o conforto e a segurança domésticos, com a guerra etc. O "pai", a "mãe", a "filha", o "irmão", a "irmã", a "tia", o "tio", todos sabiam o que esperar uns dos outros e como comportar-se nas mais variadas situações tribais de existência. Se surgisse algum imprevisto, as exigências novas podiam ser examinadas pelos velhos — os cabeças de parentela — em reuniões feitas no âmbito do grupo doméstico ou como parte das atividades dos conselhos de chefes dos grupos locais e das tribos. Esse exame conduzia ao cotejo das situações novas com os exemplos legados pelos antepassados, com o fito de ampliar a área de utilização prática dos conhecimentos fornecidos por aqueles exemplos e pelas tradições. As decisões tomadas estabeleciam como "norma" os ensinamentos inferidos das experiências coletivas anteriores, impondo-se como se elas

19. Anchieta, Cartas, p. 329.

próprias fizessem parte das tradições seculares da tribo. Os mortos e os modelos de conduta por eles consagrados governavam literalmente os vivos. Como dizia *Japyaçu*, a respeito desse mecanismo pelo qual o conselho de velhos tentava enfrentar as exigências do presente: "Bem sei que esse costume é ruim e contrário à natureza, e por isso, muitas vezes, procurei extingui-lo. Mas todos nós, velhos, somos quase iguais e com idênticos poderes; e se acontece um de nós apresentar uma proposta, embora seja aprovada por maioria de votos, basta uma opinião desfavorável para fazê-la cair; basta alguém dizer que o costume é antigo e que não convém modificar o que aprendemos de nossos pais".[20]

2. ORGANIZAÇÃO TRIBAL E REAÇÃO À CONQUISTA

O caráter e as consequências dos contatos de povos diferentes dependem, entre outros fatores psicossociais e sócio-culturais, da maneira pela qual eles se organizam socialmente. A influência ativa da organização social nas relações de povos em contato (transitório, intermitente ou permanente) revela-se, principalmente, sob dois aspectos: a) estatisticamente, pela capacidade de manter, em situações sociais mais complexas e instáveis, a integridade e a autonomia da ordem social estabelecida; b) dinamicamente, pela capacidade de submeter as situações sociais emergentes a controle social eficiente, mediante a reintegração estrutural e funcional do padrão de equilíbrio inerente à ordem estabelecida. Os resultados

20. Abbeville, História, p. 234.

empíricos da análise anterior mostram-nos que o sistema organizatório dos antigos Tupi possuía um padrão de equilíbrio interno relativamente indiferenciado e rígido. Este subordinava-se à renovação contínua de condições estáveis, tanto nas relações do homem com a natureza, quanto nas relações dele com seus semelhantes. Alterações bruscas, que se repetissem regularmente depois, só poderiam ser enfrentadas com êxito quando as demais esferas da vida se mantivessem estáveis e houvesse tempo para explorar, com eficácia, o demorado mecanismo de escolha da solução, entre tentativas recomendáveis à luz das tradições e da experiência anterior. A presença do branco constituía uma alteração dessa espécie, que não podia ser arrostada, entretanto, em condições favoráveis. O sistema organizatório tribal logo passou a ressentir-se dos efeitos desintegradores, resultantes de sua incapacidade de reajustar-se às situações novas, impostas pelo contato com o invasor branco.

O estudo da evolução da situação de contato põe em evidência as condições dentro das quais o sistema organizatório tribal podia reagir construtivamente à presença dos brancos. Enquanto estes eram em pequeno número e podiam ser incorporados à vida social aborígine ou se acomodavam às exigências dela, nada afetou a unidade e a autonomia do sistema social tribal. Essa situação manteve-se onde os brancos se limitavam à exploração de produtos que podiam ser permutados com os índios, especialmente o pau-brasil.[21] O intercâmbio econômico, nessas condições, não

21. Sobre a evolução da situação de contato em conexão com os interesses econômicos dos brancos, veja-se Alexander Marchant, 1943.

exigia a permanência de grande número de estranhos nos grupos locais, o que dava aos nativos a possibilidade de impor sua autoridade e seu modo de vida. Os brancos viviam nos grupos locais, literalmente sujeitos à vontade dos nativos; ou se agrupavam nas feitorias, dependendo tanto sua alimentação quanto segurança do que decidiam fazer os "aliados" indígenas. Os contatos dos Tupi com os franceses sempre se fizeram segundo esse tipo de relação. Mas, a partir de 1533, aproximadamente, os portugueses puderam alterar, em várias regiões ao mesmo tempo, o caráter de seus contatos com os indígenas, subordinando-os a um padrão de relação mais favorável aos seus desígnios de exploração colonial da terra, dos recursos que ela possuía e dos moradores nativos. Isso se deu com a adoção do regime das donatarias. As transformações daí resultantes, no trato com os indígenas, acentuaram-se ainda mais com a criação posterior do governo geral. Subverteu-se o padrão de relação, passando a iniciativa e a supremacia para as mãos dos brancos, que transplantaram para os trópicos o seu estilo de vida e as suas instituições sociais.

É claro que o escambo envolvia um padrão de relação social aprendido sob influência do branco. A troca silenciosa, praticada pelos nativos nas relações intertribais, pressupunha certos riscos para os agentes e era ocasional. No entanto, a permuta em espécie e a prestação de serviços aos brancos (concernentes ao alojamento, à alimentação, ao transporte de utilidades, de bagagens e de pessoas, etc.) exigia certa regularidade e intensidade, bem como um clima relativamente seguro para os entendimentos. Durante certo tempo, ele foi fomentado devido à importância atribuída pelos indígenas às mercadorias que lhes eram oferecidas pelos europeus, cujo uso eles entendiam ou redefiniam, de modo a reputá-las muito acima do "valor" que elas tinham para os brancos. Mas a partir de certo momento o escambo prendeu os indígenas a uma teia mais ampla e invisível de interesses, compelindo-os a compartilhar das rivalidades e dos conflitos que agitavam as nações européias por causa da posse das terras brasileiras e de suas riquezas. Os indígenas não compreendiam, naturalmente, os aspectos abstratos desses compromissos. Todavia, agiam no plano prático de acordo com eles. Especialmente depois que a presença dos portugueses configurou-se como uma ameaça, o escambo passou a representar um meio para obter "alianças" que pareciam decisivas. Em suma, o apoio nos invasores europeus logo adquiria, para os indígenas, significado equiparável ao que as "alianças" com os nativos possuía para os próprios brancos.

Os bens culturais, recebidos através do escambo, não chegaram a desencadear mudanças culturais profundas. A razão disso é evidente. Artefatos como o machado, a enxada, a faca, a foice, além dos tecidos, dos espelhos, dos colares de vidro e outras quinquilharias, logo foram muito cobiçados pelos indígenas, a ponto de sujeitarem-se não só a permutá-los com os próprios bens, mas a prestar serviços em condições muito árduas para consegui-los. A difusão desses elementos culturais não afetava, entretanto, o equilíbrio do sistema organizatório tribal. De um lado, porque o uso de tais artefatos não se fazia acompanhar da aceitação das técnicas européias de produção, de circulação e de consumo. De outro, porque os próprios indígenas selecionavam os valores que desejavam incorporar à sua cultura, rejeitando os demais às vezes de forma desagradável para os brancos (como, por exemplo, as maneiras dos europeus às refeições ou diante dos bens naturais, que pretendiam acumular em grande quantidade; os nativos os ridicularizavam abertamente). O essencial é que os brancos não tinham poder, nessas condições, de coagi-los a agir de outra forma e a promover a substituição de instituições tribais que lhes pareciam "bárbaras". Em consequência, o processo de mudança cultural seguia o curso determinado pela capacidade de assimilação de inovações dos aborígines.

Por sua vez, os agentes humanos desse processo de difusão não perturbavam o equilíbrio da vida social tribal. Os que se viam na contingência de aceitar alojamento entre os nativos tinham que se acomodar, forçosamente, às tradições tribais. Para terem alimentos, disporem de proteção ou de outras regalias e, mesmo, possuírem uma posição social definida nos grupos locais, precisavam escolher *principais* que funcionassem como seus "hospedeiros" (*mussucás*). Com isso, eram de fato integrados à família grande dos *mussucás*, através do matrimônio.[22] A "aliança", nesses casos, baseava-se em laços de parentesco por afinidade: o indivíduo que se tornava *aturasáp* ou *kotuasáp* adquiria uma posição na estrutura social como membro de determinado grupo doméstico (na qualidade de marido da "irmã" ou da "filha" do *mussucá*).

Nessas circunstâncias, era compelido a comportar-se de acordo com direitos e deveres que já encontrava plenamente constituídos.

22. Veja-se, a respeito, C. Lévi-Strauss, 1943 (esp. p. 406).

O impacto da situação na personalidade dos brancos era tão forte, que eles às vezes passavam a viver como nativos, assimilando inclusive atitudes e valores considerados como degradantes pelos europeus, como a participação dos sacrifícios humanos e do repasto antropofágico. Os que viviam agrupados nas feitorias estavam sujeitos à mesma condição de dependência perante os nativos. O índio era a fonte de alimentos, de bens para exportação e da pouca segurança existente em face das tribos hostis e dos brancos pertencentes a nacionalidades inimigas, no âmbito da Colônia. Como não possuíam mulheres brancas, obtinham as companheiras através de arranjos com os indígenas. Isso também redundava em agregação às famílias dos "aliados", sobre os quais podiam exercer influência muito reduzida e aos quais se viam forçados a contentar das mais variadas maneiras, inclusive participando de suas expedições guerreiras, de cauinagens e outras cerimônias tribais.

Só os portugueses conseguiram modificar esse padrão de relações com os nativos. Ainda assim, depois de prolongada experiência com o outro tipo de relação, que infundia no branco verdadeiro pavor diante do indígena, em virtude do estado de insegurança e de sobressalto em que precisavam viver normalmente. Essa constatação é tão verdadeira, que muitas atrocidades, cometidas pelos portugueses, se explicam mais pelo medo que pela cobiça ou pela crueldade insofreável. Ao substituir o escambo pela agricultura, porém, os portugueses alteraram completamente seus centros de interesse no convívio com o indígena. Este passou a ser encarado como um obstáculo à posse da terra, uma fonte desejável e insubstituível de trabalho e a única ameaça real à segurança da colonização. Passamos, então, do período de tensões encobertas para a era do conflito social com os índios. Os alvos dos brancos só poderiam ser alcançados e satisfeitos pela expropriação territorial, pela escravidão e pela destribalização (ou seja, pela desorganização deliberada das instituições tribais, que pareciam garantir a autonomia dos nativos e eram vistas como "ameaças" à segurança dos brancos, como as instituições vinculadas à vida doméstica, ao xamanismo e à guerra).

O anseio de "submeter" o indígena passou a ser o elemento central da ideologia dominante no mundo colonial lusitano. Na prática, porém, esse elemento sofria várias gradações, provocadas por interesses e valores sociais que dirigiam a atuação dos indivíduos, pertencentes aos diversos estamentos da sociedade colonial em formação. Aí, é preciso distinguir três espécies de polarizações.

Primeiro, o colono, o agente efetivo da colonização: para ele, "submeter" os indígenas equivalia a reduzi-los ao mais completo e abjeto estado de sujeição. Tomar-lhes as terras, fossem "aliados" ou "inimigos"; convertê-los à escravidão, para dispor *ad libitum* de suas pessoas, de suas coisas e de suas mulheres; tratá-los literalmente como seres sub-humanos e negociá-los — eis o que se entendia como uma solução razoável e construtiva das tensões com os diferentes povos aborígines.

Segundo, o administrador ou agente da Coroa, que compartilhava e comungava dos interesses indicados, mas que era forçado a restringi-los ou a amenizá-los, por causa da pressão das circunstâncias. A exportação de produtos naturais, como o pau-brasil e outras utilidades, coexistiu durante algum tempo com a exploração agrícola organizada e com o apresamento de índios movido por fins comerciais. Em consequência, o trabalho do indígena era tão necessário na forma anterior, pressuposta pelo escambo, quanto nas lavouras. Doutro lado, navios de outras nacionalidades (principalmente franceses) conseguiam tirar proveito lucrativo do escambo com tribos hostis aos portugueses. Daí a necessidade de prudência no trato do indígena: todas as concessões podiam ser feitas aos colonos, mas de modo a resguardar certos interesses fundamentais, que dessem à Coroa a possibilidade de utilizar as tribos "aliadas" como instrumento de conquista e de controle dos territórios ocupados. Embora nem sempre os colonos respeitassem tais convenções, o complexo alvo era atingido mediante a atribuição de certas garantias às tribos "aliadas" e a admissão concomitante do direito à *guerra justa* contra as tribos "hostis". Portanto, a "proteção" legal, concedida aos índios, possuía um caráter predominantemente restritivo que, sem impedir os piores abusos dos colonos, favorecia a realização da política de exploração do indígena como fator humano da colonização.

Terceiro, os jesuítas, cujas atividades contrariavam, com frequência, os interesses dos colonos e, mesmo, as conveniências da Coroa, mas concorriam igualmente para atingir o fim essencial, que consistia em destruir as bases de autonomia das sociedades tribais e reduzir as povoações nativas à dominação do branco.[23]

É interessante notar como a influência dos jesuítas tem sido avaliada em termos estritos do horizonte intelectual do "coloni-

---

23. Alguns aspectos da influência assimiladora dos jesuítas são examinados por A. Métraux, 1943.

zador". Desse ângulo, seu papel humanitário ressalta facilmente, em virtude dos conflitos que tiveram a coragem de enfrentar, seja com os colonos, seja com os oficiais da Coroa ou diretamente com esta. Invertendo-se a perspectiva, entretanto, e examinando-se as coisas tendo-se em vista o que se passou no seio das sociedades aborígines, verifica-se que a influência dos jesuítas teve um teor destrutivo comparável ao das atividades dos colonos e da Coroa, apesar de sua forma branda e dos elevados motivos espirituais que a inspiravam. Coube-lhes desempenhar as funções de agentes de assimilação dos índios à *civilização cristã*. Em termos práticos, isso significa que os jesuítas conduziram a política de destribalização, entre os indígenas que optaram pela submissão aos portugueses e desfrutavam da regalia de "aliados". Em seus relatos, percebemos como eles concentraram seus esforços na destruição da influência conservantista dos pajés e dos velhos ou de instituições tribais nucleares, como o xamanismo, a antropofagia ritual, a poliginia etc.; como eles instilavam no ânimo das crianças, principalmente, dúvidas a respeito da integridade das opiniões dos pais ou dos mais velhos e da legitimidade das tradições tribais; e por fim, como solaparam a eficiência adaptativa do sistema organizatório tribal, pela aglomeração dos indígenas em reduzido número de "aldeias", agravando os efeitos da escassez de víveres (resultante da competição com os brancos) e introduzindo desequilíbrios insanáveis nas relações dos sexos e no intercâmbio do homem com a natureza. Esses aspectos negativos inevitáveis da atuação dos jesuítas assinalam em que sentido eles operavam como autênticos agentes da colonização e situam suas funções construtivas no plano da acomodação e do controle das tribos submetidas à ordem social criada pelo invasor branco.

Em outras palavras, a partir da instituição das donatarias o sistema organizatório tribal teve que corresponder a exigências sociais que provinham da formação de um sistema social mais complexo e absorvente, cuja estrutura interna impunha uma posição subordinada e dependente às comunidades aborígines. Tribos autônomas convertiam-se em camada social heteronômica de uma sociedade organizada com base na estratificação inter-étnica (no caso: ·na dominação dos índios pelos portugueses). Teoricamente, podemos presumir três formas básicas de reação do índio a esse desdobramento da conquista: a) de preservação da autonomia tribal por meios violentos, a qual teria de tender, nas novas condições, para a expulsão do invasor branco; b) a submissão nas duas condições indicadas de "aliados" e de "escravos"; c) de preservação da autonomia tribal por meios passivos, a qual teria de assumir a feição de migrações para as áreas em que o branco não pudesse exercer dominação efetiva. Essas três formas de reação ocorreram, de fato, contribuindo para modelar os contornos assumidos pela civilização luso-brasileira.

A primeira forma de reação pode ser exemplificada pelo que se vem chamando, impropriamente, de "Confederação dos Tamoios", bem conhecida graças, principalmente, aos relatos de Nóbrega e Anchieta. Sua importância histórica provém de comprovar que as populações aborígines tinham capacidade de opor resistência organizada aos intuitos conquistadores dos brancos. Ela também revela a inconsistência do sistema organizatório tribal para atingir semelhante objetivo. Na ocasião, ainda que temporariamente, a desvantagem tecnológica dos indígenas podia ser amplamente compensada pela supremacia oriunda da preponderância demográfica e pela iniciativa de movimentos, combinada ao ataque simultâneo a diversas posições dos brancos, do litoral ao planalto. Tudo parecia indicar que os brancos seriam varridos da região, o que deu origem à missão que tornou Anchieta ainda mais célebre. No entanto, o êxito dos índios foi parcial e efêmero. As fontes de funcionamento eficiente da sociedade tribal impediram a formação do sistema de solidariedade supratribal, exigido pela situação. As *alianças* fragmentaram-se e a luta contra o invasor retornou ao antigo padrão dispersivo, que jogava índios contra índios, em benefício dos brancos. É que os laços de parentesco, que promoviam a unidade das tribos, engendravam rivalidades insuperáveis, mesmo em ocasiões de emergência, no âmbito mais amplo da cooperação intertribal.

A segunda forma de reação foi posta em prática pelos Tupi em todas as regiões do país, às vezes sob o influxo dos jesuítas e garantias formais das autoridades; outras, como decorrência da derrota em "guerras justas". O exemplo do que ocorreu na Bahia sugere que a submissão voluntária (única alternativa que nos interessa agora) equivalia, em ritmo lento, ao extermínio puro e simples. Os efeitos da destribalização (que iam da seleção letal nas populações aborígines à perda do interesse pela vida), as doenças contraídas nos contatos com os brancos e a escassez frequente de víveres, somadas aos inconvenientes do trabalho forçado de toda espécie, inclusive na guerra, faziam com que o regime imposto de vida operasse como um sorvedouro de seres humanos. Não obstante, foi no intercâmbio assim estabelecido entre os nativos e os portugueses que surgiu uma população mestiça, capaz de dar maior plasticidade ao sistema social em formação e de contribuir para a preservação de elementos culturais herdados dos indígenas.[24]

A terceira forma de reação tinha pouca eficiência, devido à grande mobilidade das "entradas" e "bandeiras" dos portugueses, como nos atestam os relatos de Knivet, Frei Vicente do Salvador, Gabriel Soares, os jesuítas etc. Todavia, ela constitui a maneira típica de acomodação, desenvolvida pelos nativos na tentativa de controlar os efeitos da invasão. Trata-se, naturalmente, de um controle de natureza passiva, que transforma o isolamento em fator de defesa da autonomia tribal. Apesar disso, ele pressupunha certo conhecimento, por parte dos indígenas, da sequência de acontecimentos associados ao domínio do branco e o propósito de evitá-los. O seguinte trecho, atribuído à intervenção de *Momboré-açu* contra a "aliança" dos Tupinambá com os franceses, situa bem a questão:

> *Vi a chegada dos peró (portugueses) em Pernambuco e Potiú; e começaram eles como vós, franceses, fazeis agora. De início, os peró não faziam senão traficar sem pretenderem fixar residência. Nessa época, dormiam livremente com as raparigas, o que os nossos companheiros de Pernambuco reputavam grandemente honroso. Mais tarde, disseram que nos devíamos acostumar a eles e que precisavam construir fortalezas, para se*

24. Esse é um ponto bem debatido pelos historiadores brasileiros desde Varnhagen a Sérgio Buarque de Holanda.

defenderem, e edificar cidades para morarem conosco. E assim parecia que desejavam que constituíssemos uma só nação. Depois, começaram a dizer que não podiam tomar as raparigas sem mais aquela, que Deus somente lhes permitia possuí-las por meio do casamento e que eles não podiam casar sem que elas fossem batizadas. E para isso eram necessários paí. Mandaram vir os paí; e estes ergueram cruzes e principiaram a instruir os nossos e a batizá-los. Mais tarde afirmaram que nem eles nem os paí podiam viver sem escravos para os servirem e por eles trabalharem. E, assim, se viram constrangidos os nossos a fornecer-lhes. Mas, não satisfeitos com os escravos capturados na guerra, quiseram também os filhos dos nossos e acabaram escravizando toda a nação; e com tal tirania e crueldade a trataram, que os que ficaram livres foram, como nós, forçados a deixar a região.[25]

Portanto, há uma conexão bem definida entre os êxitos e os malogros dos Tupi, em suas relações com os brancos, e o padrão tribal de organização de sua sociedade. Enquanto as situações eram simples, o sistema organizatório tribal continuou a funcionar normalmente, mantendo as condições que asseguravam o equilíbrio e a autonomia da vida social aborígine. Quando as situações

25. Abbeville, História, p. 115. O relato é mais extenso, sendo esclarecedor também por ter sido aplicado por Momboré-açu à previsão do que iria ocorrer nas relações dos Tupinambá com os franceses.

complicaram, o sistema organizatório tribal não se diferenciou internamente, modificando-se com eles. Ao contrário, manteve-se relativamente rígido e impermeável às exigências impostas pelo crescente domínio dos brancos. Isso fez com que tivessem de escolher entre dois caminhos: a submissão, com suas consequências aniquiladoras da unidade tribal, ou a fuga com o isolamento. Esta alternativa, sob vários aspectos, representa a modalidade de reação à conquista mais consistente com as potencialidades dinâmicas do sistema organizatório tribal. Ela deslocou a luta pela sobrevivência e pela autonomia tribal para o terreno ecológico. Os Tupi pagaram elevado preço por tal solução, pois tiveram de adaptar-se, progressivamente, a regiões cada vez mais pobres. Mas conseguiram, pelo menos parcialmente, combinar o isolamento à preservação de sua herança biológica, social e cultural.

ASPECTOS POLÍTICOS DO DILEMA RACIAL BRASILEIRO

Sabe-se que o dilema racial brasileiro aparece, fundamentalmente, como um contraste entre normas ideais (moldadas por um "*ethos* democrático") e comportamentos efetivos (exclusivistas e tendentes à subalternização do "negro" e do "mulato"). Como escrevem Bastide e Van den Bergue: "por um lado, encontramos uma larga aderência às normas democráticas, e, por outro, um grau de estereotipagem, uma grande segregação no nível da intimidade pessoal, e uma endogamia praticamente absoluta. Esta ambivalência estabelece um verdadeiro *dilema brasileiro*, muito embora talvez diferente do *dilema americano*".[1] Em sua versão brasileira, esse dilema explica-se pelas condições de desintegração da socie-

1. R. Bastide e P. van den Bergue, "Estereótipos, normas e comportamento inter-racial em São Paulo", em R. Bastide e F. Fernandes, Brancos e negros em São Paulo, São Paulo, Cia. Editora Nacional, 3. ed., 1971, p. 307. Cf., ainda, L. A. da Costa Pinto, O negro no Rio de Janeiro, São Paulo, Cia. Editora Nacional, 1953, cap. VI Costa Pinto dá muita atenção à natureza e às implicações da subalternização e da "inferiorização circular do negro" no contexto da urbanização e da industrialização.

dade escravista e formação da sociedade de classes. Na verdade, "a ordem social competitiva emergiu e expandiu-se, compactamente, como um autêntico e fechado *mundo dos brancos*"; o que significa, em outras palavras, que "as estruturas da sociedade de classes não conseguiram, até o presente, eliminar normalmente as estruturas preexistentes na esfera das relações raciais, fazendo com que a ordem social competitiva não alcance plena vigência na motivação, na coordenação e no controle de tais relações".[2]

O dilema social constitui um fenômeno sociológico essencialmente político. Ele tem raízes econômicas, sociais e culturais; produz efeitos ramificados em todas essas direções. Todavia, a sua própria existência só é possível graças a certas estruturas de poder, que o tornam inevitável e necessário. E a sua perpetuação, indefinida ou transitória, indica mais que isso, pois testemunha não só que grupos, classes ou raças dominantes são capazes de manter tais estruturas de poder, mas que, ao mesmo tempo, grupos, classes e raças submetidos à dominação são impotentes para impor sua vontade e corrigir a situação.

Como as fronteiras raciais não desapareceram no Brasil com a Abolição, é um erro supor-se que a *supremacia do homem branco* seja um dado histórico, um fato definitivamente superado com o desaparecimento da escravidão. Doutro lado, como a economia de trabalho livre se organizou sobre um patamar pré-capitalista e colonial, seria lamentável se ignorássemos como as determinações

2. F. Fernandes, A integração do negro na sociedade de classes, São Paulo, Dominus Editora e Editora da Universidade de São Paulo, 1965, vol. 2, p. 389 e 391.

de raças se inseriram e afetaram as determinações de classes. Ao contrário do que ocorreu na Europa, na América Latina a expansão do capitalismo desenrolou-se em cenários étnicos e raciais muito complexos e heterogêneos. As grandes crises e transições começaram e acabaram — ou apenas terminaram — como "revoluções de cima para baixo", sob a tutela ou o arbítrio do *poder conservador*, o poder supremo de ralas minorias brancas. Por isso, a descolonização ainda está em processo. O que desapareceu historicamente — o "mundo colonial" — subsiste institucional e funcionalmente, ainda que de forma variável e desigual, conforme os níveis de organização da vida humana que se considerem. Ele vive, pois, em quase tudo que é essencial para o capitalismo dependente: na posse da terra, na organização da agricultura, na autocracia dos poderosos, na espoliação sistemática e na marginalização dos pobres, no particularismo e no farisaísmo das elites, na apatia ou na confusão das massas oprimidas e, principalmente, nos padrões de relações étnicas e raciais, por natureza ilegítimos, extracristãos e antidemocráticos.

ORDEM SOCIAL E PRIVILÉGIO

Todas as sociedades estratificadas são sociedades nas quais o privilégio possui influências específicas, quer sobre a composição do meio social interno, quer sobre os dinamismos de funcionamento de evolução da ordem social. Tais influências são conhecidamente diversas, quando se passa o regime de castas para o de estamentos ou deste para o regime de classes. O grau de segregação do privilégio varia de um regime para outro, o mesmo ocorrendo com sua visibilidade, legitimação e significado sociopolítico. O regime de classes, porém, é o único que projeta o privilégio em uma esfera de conflito axiológico. A ordem legal e política funda-se numa ideologia democrática, enquanto o sistema de produção organiza-se com base em relações econômicas que institucionalizam a expropriação e requerem o privilégio de expropriar, de acumular e de mandar (ou dominar). Esse conflito axiológico está claro, por si mesmo não impede a continuidade do privilégio, negado em um plano, mas confirmado em outro. A ordem social competitiva oculta-o atrás de abstrações econômicas e sociais, convertendo-o, porém, em um de seus princípios ou forças integrativos. Contudo, o conflito axiológico aumenta a visibilidade negativa do privilégio, ao mesmo tempo que fornece fundamento moral e legitimidade política a várias modalidades e percepção crítica e de oposição ao privilégio.

As condições de formação do capitalismo nas Américas não favoreceram a "repetição da história". Sob muitos aspectos, o mencionado conflito axiológico constituiu um complexo subproduto social da revolução burguesa na Europa. Para que a Nação e o Estado nacional pudessem preencher certas funções aglutinativas e integrativas, imprescindíveis para o desenvolvimento do capitalismo, era preciso fomentar uma ideologia capaz de atender a interesses díspares (por vezes inconciliáveis), em conflito aberto na sociedade. Daí resultaram concessões, no terreno das ideologias, que aumentaram progressivamente à medida que os grupos e as classes atendidos adquiriam maiores garantias sociais e ampliavam sua posição de barganha política. O ponto de partida colonial e as funções históricas desempenhadas pela emancipação nacional no privilegiamento dos interesses e do pensamento conservadores nas Américas — e sob muitos aspectos o Sul dos Estados Unidos não difere essencialmente da América Latina espanhola e portuguesa — introduzem sérias diferenças com relação à Europa. Apesar da aparente *anarquia* e do uso *ad libitum* da liberdade pessoal, as formas patrimoniais e despóticas de dominação não entram precocemente nas transações e adaptações recíprocas de categorias sociais desiguais. O poder político exprime muito mais uma confluência da vontade da aristocracia que um arranjo ou acomodação da aristocracia com os demais grupos sociais.

Por isso, nas diferentes regiões da América Latina a emancipação nacional e a organização de um Estado nacional se dão em um contexto no qual a desagregação do sistema colonial apenas se consuma ao nível jurídico-político (e, assim mesmo, no que se referia à subordinação direta às metrópoles e à estruturação do Estado independente, pois o antigo sistema legal perdurará por muito tempo). A estrutura colonial da economia e da sociedade não se alterou senão superficialmente, pois ela era necessária seja para a preservação da hegemonia das camadas senhoriais, seja para incorporação dos países da América Latina a uma forma indireta de dominação econômica e cultural de tipo colonial, também comandada pelo capitalismo europeu. A emancipação nacional latino-americana típica é, portanto, um fenômeno especificamente político (ou, como se diz, uma "revolução política"). Por paradoxal que isso possa parecer, uma revolução dessa espécie não se opunha ao antigo sistema colonial como um todo. Ao contrário, ela dependia da continuidade das estruturas econômicas e sociais, montadas sob o sistema colonial, para ter êxito (no plano em que a emancipação "nacional" foi concebida e visada pela aristocracia). E tanto isso é verdadeiro, que é no período pós-nacional que o regime estamental (ou de castas e estamentos, em alguns casos) atinge o seu apogeu histórico. Pois foi graças à revolução política que os estamentos senhoriais lograram autonomia suficiente para transformar o poder econômico e social de que dispunham em poder político e estatal, promovendo-se a sua integração horizontal no nível da organização do poder especificamente político (o que equivale a dizer que se tornaram, assim, estamentos hegemônicos). Por aí se vê que, inicialmente, a descolonização significou muito pouco na América Latina: uma mudança no caráter dos liames de dependência externa; e monopolização do poder político por estamentos que já monopolizavam a riqueza, o prestígio social e as formas correspondentes de poder (com suas implicações políticas, consideráveis no nível local).

Graças a essas circunstâncias, os conflitos que eclodiram nesse período tão tumultuoso ou não tinham o mesmo sentido que no cenário europeu ou não produziram consequências similares. O liberalismo era um instrumento de adaptação da ideologia senhorial à dominação colonial indireta e não contribuía para fomentar qualquer tendência radical de revolução dentro da ordem. Os demais setores sociais, por sua vez, não dispunham de base econômica, social e política para desencadear semelhante processo. O "*ethos* democrático" (ou o seu equivalente, nos vários tipos de oligarquia) circunscrevia-se à limitada ordem civil, em torno da qual gravitavam, em função dos interesses oligárquicos, os Estados nacionais. Ela era, de fato, o único núcleo dessa sociedade neocolonial em que havia uma socialização política entre iguais. Essa situação era mais extrema e drástica no Brasil, porque a persistência da escravidão criara condições para a preservação em bloco das estruturas econômicas e sociais coloniais, reduzindo as proporções e os efeitos da descolonização.

As evoluções posteriores, ao longo do século XIX e da primeira metade do século XX, trazem consigo uma nítida tendência à consolidação do capitalismo moderno, do regime de classes e do Estado nacional. Não obstante, permanece uma invariável polarização elitista, que resulta da capacidade dos estratos sociais dominantes de manter e de fortalecer os seus privilégios, através das várias transformações da ordem econômica, social e política. Esse fenômeno, ainda mal investigado e pouco conhecido sociologicamente, parece explicar-se pela monopolização social do poder político e do aparato estatal por aqueles estratos. Os demais estratos da sociedade foram praticamente excluídos do poder político institucionalizado — mesmo quando a participação chegasse a ser admitida — e nunca lograram qualquer *chance* de ameaçar o *status quo* "através da ordem". Esse padrão rígido e monolítico de dominação autocrática responde às exigências da situação histórico-social. A persistência, sob várias formas, da dominação externa[3] e a

3. Cf. F. Fernandes, "Patterns of external domination in Latin America", em F. Fernandes, The Latin American in residence lectures, Toronto, University of Toronto, 1969-1970, p. 3-23 (onde também se encontra uma bibliografia).

expansão interna do capitalismo impõem a continuidade de modelos verdadeiramente coloniais de apropriação e de expropriação econômica, aos quais deve corresponder, necessariamente, uma extrema concentração permanente da riqueza, no tope, e o uso pacífico ou violento de técnicas autocráticas de opressão e de repressão.[4] Os dinamismos de classe só se tornam efetivos para as classes que podem utilizar livremente os recursos institucionalizados de luta política.[5] Ainda assim, o controle político conservador, na sua essência sempre fundamentalmente voltado para a defesa intransigente e o fortalecimento do privilégio, tem imposto tanto a cooptação quanto o ostracismo ou a eliminação aos setores divergentes que chegassem a ameaçar a estabilidade da ordem. Nessas condições, o uso "legítimo" do conflito faz parte do privilégio e, com o poder político institucionalizado, os setores dirigentes das classes dominantes detêm o monopólio da violência.

Essa exposição é sucinta, mas revela o essencial. O conflito

---

4. Veja-se Comisión Económica para América Latina, "La distribución del ingreso en América Latina", Boletim Económico de América Latina, XII-2, 1967, p. 152-175; sobre o Brasil e as implicações do "crescimento econômico acelerado" para os setores pobres da população: M. C. Tavares e J. Serra, Más allá del estancamiento: una discusión sobre el estilo del desarrollo reciente de Brasil, Santiago, Flacso, 1972, p. 65-71. Quanto aos problemas políticos: J. Graciarena, Poder y clases sociales en el desarrollo de América Latina, Buenos Aires, Editorial Paidós, 1967.

5. Cf. F. Fernandes, Sociedade de classes e subdesenvolvimento, Rio de Janeiro, Zahar Editores, 1968, cap. 1, e, especialmente, Los problemas de conceptualización de las clases sociales en América Latina, México, Instituto de Investigaciones Sociales de la Universidad Nacional Autónoma de México, 1971, ed. mim., p. 14-104.

axiológico, tão importante para explicar a percepção crítica e as várias formas de restrição ou de oposição ao privilégio (através das conhecidas crises do liberalismo e da evolução do socialismo), não encontrou meio propício de florescimento no contexto histórico-social latino-americano. No fundo, o controle político conservador não admite alternativa — ou a perpetuação autocrática da ordem ou a revolução contra a ordem. Entende-se que, nesse limite histórico, o grau de falsidade, de mistificação ou de racionalização, inerente às ideologias, atinge o clímax. Ao mesmo tempo, a ideologia torna-se ineficaz, pois, em última instância, ela não é "a imagem invertida da realidade". Ela é uma simples máscara, em um jogo no qual ela pode ser posta e tirada ao sabor das conveniências ou das imposições tidas como "inelutáveis". Não há outra via à perpetuação de padrões pré-capitalistas e antinacionais de privilégio, em sociedades que são capitalistas, se organizam nacionalmente e estão submetidas a um estado "democrático".

Ainda é preciso que se retenham três pontos, que são cruciais para a presente discussão. Primeiro, as ideologias e as utopias *oficiais*, nessas sociedades, possuem pouco valor para se conhecer sociologicamente sua situação concreta (embora sejam deveras importantes para se conhecer sociologicamente sua realidade política e a natureza do pensamento conservador nessa posição limite). O privilégio é tão "justo" e "necessário", para as camadas dominantes, e também para as suas elites culturais, que as formas mais duras de desigualdade e de crueldade são representadas como algo *natural* e, até, *democrático*. Está nessa categoria o mito da democracia racial, tão entranhado na visão conservadora do mundo no

Brasil. O que define uma democracia racial? Pouco importa. O que importa é que o mito seja aceito e que se propague que não existe, no mundo, "outro exemplo de democracia racial". Segundo, a ideologia e a utopia oficiais tornam-se extremamente perigosas. Elas fazem parte de um ritual; mas esse ritual é tido como sagrado. Se alguém — uma pessoa ou grupo de pessoas — se opuser a elas, então tem de arrostar os riscos da infração. Os *folkways* funcionam como se fossem *mores*, em grande parte por causa da intolerância e da insegurança dos controles autocráticos do poder conservador. O dissidente é focalizado como divergente sistemático e, de uma maneira ou de outra, acabará recebendo o troco, através de tratamentos exemplares. Terceiro, a exposição intensa e duradoura a tais ideologia e utopia *oficiais*, sob as mencionadas condições de controle societário, acaba criando socializações profundas e distorções crônicas na percepção e na explicação da realidade. O que é mal conhecido e entendido acaba por ajustar-se à representação; em consequência, mesmo as vítimas das representações tendem a admitir que elas contêm "algum grau de verdade", compartilhando da confusão e desorientando-se. No exemplo evocado: não caberia ao "negro" e ao "mulato" indagar se o mito da "democracia racial" visa a ajudar ou a impedir a democratização das relações raciais no Brasil?[6]

Se tirarmos as devidas conclusões, parece óbvio que o dilema social se projeta, no contexto histórico-cultural descrito, em uma

6. Esse ponto foi ressaltado tanto nas análises de Costa Pinto quanto de Fernandes: cf. acima, notas 1 e 2. Para uma análise do mito da democracia racial nesse sentido, cf. F. Fernandes, "A questão racial", O tempo e o modo, Lisboa, nº 50, esp. p. 40-44.

área de acomodações anestesiadoras. As "mentiras convencionais" e "as inconsistências de valores" podem ser retratadas com algum relativismo intrínseco onde o regime de classes funciona com toda a plenitude. A própria divergência dos interesses em tensão auxilia e protege as manifestações de tal relativismo. O mesmo não acontece em sociedades de classes dependentes e subdesenvolvidas. Nelas, as "mentiras convencionais" e as "inconsistências de valores" estão tão enredadas com o desfrutamento de privilégios, que tocar nelas é o mesmo que ferir diretamente o privilégio. Elas não são, portanto, facilmente tomadas por si mesmas e abstratamente. Elas concretizam em algum grau, os efeitos das ações ou das atividades a que se agregam por referência. Tocar nelas equivale a fazer a crítica dos *fundamentos* da ordem existente! Isso explica, segundo pensamos, tanto a hipersensibilidade do pensamento conservador e sua atitude de pânico e de insegurança diante de observações críticas frequentemente banais, quanto o padrão conservador de reação societária à focalização divergente, em regra muito violento, obstinado e intolerante (como se fosse impositivo ou prescrevê-la ou desacreditá-la por meio da estigmatização).

NATUREZA E CONTENÇÃO DO DESMASCARAMENTO RACIAL

Um grupo ou categoria social pode varar barreiras dessa ordem e tentar impor sua própria visão da realidade. Se as demais condições permanecerem as mesmas ou só se transformarem muito pouco, porém, as coisas não se alterarão simplesmente por isso: a ideologia e a utopia *oficiais* continuarão a ter vigência e serão provavelmente defendidas com maior zelo. Há um exemplo de grande interesse empírico e teórico: os movimentos sociais de protesto racial, que se desencadearam no "meio negro de São Paulo", entre os fins da década de 1920 e os meados da década de 1940, que já descrevemos e analisamos extensamente em trabalho anterior.[7] Esses movimentos merecem tal atenção porque promoveram uma extensa agitação, elaboraram a primeira tentativa de desmascaramento sistemático do mito da democracia racial brasileira e construíram uma contraideologia racial, coerente com os fundamentos legais da ordem democrática burguesa.

Os efeitos da Abolição não foram os mesmos para os ex-escravos e seus descendentes e para os que exploravam o trabalho escravo, na economia rural ou na urbana. A destituição do escravo se processou no Brasil de forma tão dura, que ela representou a última espoliação que ele sofreu, muito mais que uma dádiva ou uma oportunidade concreta. Não se tomou nenhuma medida para ampará-lo na fase de transição e nada se fez para ajustá-lo ao sistema de trabalho livre (apesar dos muitos projetos que foram elaborados ou suscitados anteriormente, enquanto a iniciativa privada e o Estado temiam pela escassez da oferta de trabalho). A abundância de mão de obra, captada internamente (numa escala que não seria imaginável sob a escravidão) ou através da imigração

7. Os movimentos sociais no meio negro foram submetidos a um estudo de caso especial, elaborado por Renato Jardim Moreira, com a colaboração de José Correia Leite, um dos mais proeminentes líderes no período assinalado. A análise de tais movimentos é feita por F. Fernandes, A integração do negro na sociedade de classes, op. cit., cap. 4.

(na época, especialmente da Europa), criou uma realidade nova, selando a "má fortuna" do chamado *braço negro*. Não obstante, os ex-senhores se protegeram de vários modos. Tiveram de arcar com o prejuízo inerente aos investimentos realizados nas pessoas dos ex-escravos (pois a Abolição se fez sem indenizações, malgrado as pressões senhoriais em sentido contrário), mas obtiveram compensações através da política de subsídio oficial da imigração, de medidas de amparo financeiro de emergência e da própria rede de solidariedade particular, que a iniciativa privada podia mobilizar. Em consequência, a recuperação do sistema de produção foi rápida (na verdade, só em casos isolados e em termos de variação local ocorreu o contrário). O fator principal do equilíbrio econômico continuou a ser a posição do café no mercado externo e a evolução interna das safras. A recuperação do antigo agente do trabalho escravo foi difícil, lenta e seguiu uma trajetória complicada. As escolhas drásticas se punham entre a submersão na economia de subsistência ou a concentração em grandes cidades, ambas envolvendo formas específicas de marginalização e de auto-exclusão mais ou menos conscientes. As escolhas intermediárias, como a permanência ou a migração para áreas relativamente estagnadas, ofereciam melhores perspectivas imediatas à custa do sacrifício de qualquer "ideal de liberdade" (uma expressão complexa, que designava o acesso a tudo que o negro não podia ter e ao que ele não podia legitimamente aspirar na condição de escravo ou de liberto). Em suma, a Abolição e as tendências de desenvolvimento do sistema de trabalho livre engolfaram o *elemento negro* em uma crise irremediável de superação muito difícil.

A imensa maioria da população negra ou mulata brasileira se adaptou passivamente a essa trágica situação. Todavia, os negros e os mulatos que se concentraram nas cidades grandes tinham de romper, de uma forma ou de outra, com os padrões tradicionalistas de acomodação passiva. Muitos deles conseguiram certa instrução e, o que é deveras importante, tornaram-se letrados de um tipo especial, que não haviam sido socializados (ou então mal haviam sido conformados) por meio da educação oficial. Doutro lado, a comunicação entre indivíduos e grupos fazia com que essas mentes esclarecidas se vissem expostas às ideologias revolucionárias, que eclodiam abertamente, pela primeira vez, no cenário urbano-industrial. Isso facilitou a transição da "indiferença" ao "radicalismo" na percepção da questão racial: constituíram-se pequenos grupos, empenhados em descobrir "o porquê da situação do negro" e dispostos a acabar com o seu "emparedamento". Tal evolução desenhou-se entre o fim da Primeira Guerra Mundial e a crise de 1929 e parece ter sido um processo frequente, pois aparece, com intensidade variável, em várias cidades brasileiras. Em São Paulo ela foi particularmente intensa, presumivelmente porque a extrema concentração de imigrantes, o rápido e desordenado desenvolvimento urbano-industrial e a ampla mobilidade social ascendente estabeleceram, nessa cidade, um quadro de referência chocante para quem quisesse fazer comparações objetivas. Posta, em regra, abaixo dos últimos degraus da economia e da sociedade, a "população negra" via-se excluída do que parecia ser a prosperidade geral, sentido-se irremediavelmente condenada ao desemprego, ao pauperismo, à desorganização social, à vergonha coletiva e à impotência. Ela participava do clima tumultuoso de ilusões, que imperava na cidade, e das inquietações revolucionárias da plebe urbana, na época muito fortes em São Paulo, mas sem grandes esperanças, individuais ou coletivas. Os letrados e semiletrados radicais do "meio negro" captaram esse estado de frustração, convertendo o desajustamento sistemático e uma inquietação amorfa no substrato do *protesto negro*, através do qual lançam e difundem o apelo à *Segunda Abolição*.

Os vários jornais e manifestações, que traduziram as tomadas de posições desses intelectuais negros e mulatos, atestam que eles, de fato, pretendiam organizar e levar a cabo uma autêntica rebelião dentro da ordem. Eles se isolaram no "meio negro" por motivos práticos: não só não tinham acesso aos meios de comunicação controlados pelos brancos; os diversos movimentos políticos, de centro ou de esquerda, que se opunham à República Velha, não davam acolhida à questão racial, ignorando como ela se apresentava na realidade. Por isso, os movimentos sociais do "meio negro" guardam completa autonomia de condicionamentos tradicionais, que poderiam reduzir o seu ímpeto ou a sua identificação exclusiva com a "causa do negro"; e, ao mesmo tempo, superam os *ismos* atuantes na sociedade inclusiva, embora extraíssem de alguns deles sua forte orientação libertária, igualitária e fundamentalmente populista. Seu alvo específico consistia na redução progressiva e no desaparecimento final, ambos supostos a curto prazo, da distância econômica, sociocultural e política existente entre o "branco" e o "negro". Não se voltavam contra a ordem existente em bloco (pois esta não era questionada como e enquanto tal), mas contra o modo pelo qual a ordem existente retinha e agravava a desigualdade racial, com suas terríveis consequências. Nesse sentido, eram movimentos raciais despojados de conteúdos ou pretensões racistas. Queriam a mesma coisa que os liberais radicais ou progressistas brancos, com a diferença que estes eram indiferentes à necessidade de mobilização do negro para atingir tal objetivo e aos ritmos históricos de sua concretização. Queriam-na, portanto, com urgência e de maneira total, o que os compelia a recolocar o problema da liberdade e da igualdade em termos raciais.

Essa ótica não era, como muitos observadores de esquerda ainda hoje supõem, intrinsecamente oportunista e capitulacionista. Ela continha (e ainda conteria, se se reproduzisse historicamente) um real avanço revolucionário. Para se admitir tal conclusão é preciso que se atente para a natureza e a variedade de barreiras, que o negro e o mulato venceram para chegar até aí. Na época, os brancos mais esclarecidos explicavam a suposta seleção demográfica negativa do negro através de sua incapacidade para se ajustar ao planalto e às condições de vida impostas por uma sociedade urbano-industrial. Doutro lado, os brancos eximiam-se de qualquer responsabilidade pela situação desumana existente no "meio negro", fazendo largo uso, consciente e inconsciente, de um rico estoque de estereótipos negativos, pelos quais pensavam explicar suas taxas anormais de miséria, de desemprego, de mães solteiras, de menores abandonados, de alcoolismo, de prostituição, de rufianismo, vagabundagem e criminalidade etc. Por se sobrepor a uma pressão psicológica externa tão cerrada, libertando-se ao mesmo tempo dos efeitos inibidores da estigmatização e do monopólio da liderança intelectual ou política dos brancos, aquela ótica possuía um calibre revolucionário intrínseco, pois trazia consigo uma dupla liberação: diante da ideologia racial dominante e diante da tutela do branco. E definia uma única proposição política: a conquista (e não a concessão) da liberdade e da igualdade pelo próprio negro, por meio de sua autoafirmação individual e coletiva na sociedade nacional. Analisada sociologicamente, aquela ótica poderia ser ingênua (e é surpreendentemente pouco revolucionária, em termos especificamente raciais, quando comparada a outras óticas, inerentes à rebelião negra nos Estados Unidos da época e ao movimento da negritude). Mas, examinada dentro do contexto histórico, ela era especificamente revolucionária e *intentava a revolução racial da ordem de baixo para cima*.

Essa ótica permitia focalizar, simultaneamente, tanto os problemas sociais (que o negro compartilhava com outros setores pobres ou marginalizados da população brasileira), quanto o dilema racial brasileiro (decorrente da crença de que existe uma democracia racial no Brasil, a qual escamoteia a desigualdade racial da arena política e cria uma situação única, que só atinge o negro).[8] Na verdade, a massa que acolheu aqueles movimentos (demonstrando a fertilidade do "meio negro" para os mesmos) era mais sensível à primeira

8. A pobreza não é peculiar ao negro e ao mulato. Mas outros setores da população pobre brasileira não enfrentam as mesmas dificuldades nos processos de classificação e de mobilidade social vertical, pois não tem de enfrentar barreiras raciais veladas nem as práticas discriminativas decorrentes. Cf. F. Fernandes, "Beyond poverty: the negro and the mulatto in Brazil", Journal de la Société des Américanistes, Paris, tomo LVIII, 1969, p. 121-137.

contribuição que à segunda. No momento, indivíduos e famílias em crise estavam em busca de orientação e de assistência. No entanto, a segunda influência era insubstituível e tinha consequências mais profundas. Pela primeira vez o negro não só enfrentava o branco: passava a discutir abertamente o *preconceito de cor*, expressão sincrética com que designavam (e ainda designam) o padrão vigente de relações raciais assimétricas, com suas condições e efeitos preconceituosos, discriminativos e segregativos. Aqueles movimentos declinaram de vigor e foram suprimidos, como se desaparecessem de um momento para outro. A sua influência para o alargamento do horizonte cultural do negro subsiste e constitui, ainda hoje, o único ponto de referência coletivo, a ser oposto a outra *certeza*, reiteradamente afirmada e confirmada pelo branco, de que "o negro não tem problemas" de natureza racial e de que, no Brasil, não há nem preconceito nem discriminação raciais.

O desmascaramento da situação racial fez-se em diferentes planos. Apesar da insuficiência de recursos intelectuais, os líderes dos movimentos sociais buscaram explicações que iam do passado ao presente e que apanhavam, neste, o econômico, o social, o psicológico e o político (enumerações que surgem, com maior ou menor latitude em diversos documentos). Em consequência, a focalização crítica da realidade (omitindo-se outros aspectos da situação do negro ou do sistema de relações raciais que não são relevantes aqui) abre-se em leque: a visão negra da história brasileira; a natureza do mundo escravista e as deformações que ele implantou no negro, no branco, no mulato e na própria sociedade brasileira; o preconceito de cor, em suas três polarizações (como preconceito propriamente dito, discriminação com base na cor e segregação social), e como instrumento de dominação racial e de supremacia da raça branca; os mecanismos de sustentação dos privilégios e de monopolização do poder pelos brancos ou, inversamente, de marginalização, exclusão ou subalternização do negro; o "complexo" como formação psicodinâmica e sociodinâmica reativa, por meio da qual o branco invade a personalidade profunda do negro e debilita o seu equilíbrio psíquico, o seu caráter e a sua vontade. No essencial, o desmascaramento conduz a um retrato alternativo da situação racial brasileira, segundo o qual a personalidade democrática e o comportamento democrático representam a exceção (e não a regra); a tolerância é superficial e astuciosa (como norma); o preconceito de cor se conjuga com a exploração do negro pelo branco (econômica, sexual e socialmente); e a ordem social legítima só tem vigência para os brancos, funcionando para os negros e os mulatos como uma versão atenuada da autocracia senhorial. Em dois pontos fundamentais (embora menores) também são focalizados criticamente: o "branqueamento" (*social ou racial*, quando envolve miscigenação), visto como um processo pelo qual o "negro transfuga" comercializa econômica, social e politicamente sua subserviência e transferência de lealdade; a questão do preconceito de cor entre os imigrantes e seu descendentes, percebida com oscilações (pois alguns acham que já traziam o preconceito em sua herança cultural, enquanto a maioria afirma que o absorveram em contato com famílias tradicionais brasileiras), mas posta na base do processo pelo qual o estrangeiro também procurou explorar o negro e tentou valorizar-se socialmente.

Apesar da amplitude e da relativa profundidade do desmascaramento, a noção de liberdade não foi manejada até o ponto em que o negro defendesse sua autonomia de ser um brasileiro diferente dos outros (portador de sua visão do mundo e de sua cultura) e a noção de igualdade ficou contida dentro dos limites de identificação com a ordem social estabelecida (o que implica uma convicção elementar: que ela pode corrigir a desigualdade racial ou pelo menos eliminar suas arestas "mais injustas", provavelmente herdadas do período escravista). Uma interpretação sociológica superficial permitiria atribuir essa contenção à influência de elementos externos, como os anseios de classificação social ou o caráter ambíguo da "classe média de cor" em plena gestação (ou seja, em outras palavras, a concessões mais ou menos inconscientes). Todavia, embora semelhante condicionamento possa ser evocado (especialmente no nível pessoal dos ajustamentos raciais), ele não parece ser responsável pelo efeito apontado. Pelo fato de se oporem à ideologia e à utopia raciais dominantes tornar-se-iam o negro e o mulato imunes às suas influências mais profundas (e, porventura, mais insidiosas)? Não devemos nos esquecer que a rebelião racial mal eclodia e que o *élan* revolucionário não exigia o repúdio total da ordem existente. O horizonte crítico foi trabalhado pelo afã de liberdade e de igualdade raciais. Mas ele o foi também pelo ideal puramente burguês de liberdade e de igualdade e, num certo sentido, ao se tornar o paladino desse ideal, o rebelde negro e mulato como que se superembranquecera. Não pretendemos sugerir que o *protesto negro* fosse uma simples reação de tipo compensatório. Porém deixar patente certas conexões profundas, que esclarecem os fatos. A natureza do desmascaramento foi amplamente afetada pela situação do negro que não podia saltar de dentro de si próprio e converter-se, em um átimo, na negação de si mesmo. Assim, as limitações da resposta do negro à percepção crítica e ao repúdio da realidade procedem dele próprio, mas no caso ele surge como um mediador: no íntimo, acha-se a sua socialização por essa sociedade multirracial "democrática", em que ele vive, e o quanto ele incorporou da ideologia racial *oficial*.

Haveria outro prisma para chegar-se a esse resultado interpretativo: as expectativas de incompreensão, de intolerância e de repressão — tanto mais fortes e conscientes quanto mais os líderes radicais negros e mulatos conheciam por experiência amarga o terreno em que pisavam — introduziam natural moderação na exteriorização de suas orientações críticas e de sua disposição de aceitar o conflito racial sem agravá-lo com provocações inúteis. Essa moderação, doutro lado, tendia a crescer fatalmente por causa de vários fatores incontroláveis (como a influência do "complexo" na confusa percepção da realidade racial; as consequências enfraquecedoras do apego da massa negra ao tradicionalismo; a debilidade econômica, social e política do "meio negro"; a necessidade de contar de antemão com uma solidariedade racial a ser forjada no processo de luta; a falta de destreza e o medo do "negro" em enfrentar abertamente o "branco" em assuntos proibidos etc.). Todavia, nada disso afetava o que nos interessa aqui: o padrão de desmascaramento racial inerente àqueles movimentos, do início até sua esterilização e desaparecimento. Essas razões, quando muito, explicam o modo de pôr em prática o referido padrão de desmascaramento racial, não a sua natureza, os seus conteúdos e a forma segundo a qual objetivava as divergências estruturais. Para chegar-se a estes aspectos, é preciso considerar como a ideologia e a utopia raciais dominantes socializam a visão do mundo e da realidade das etnias e categorias raciais dominadas (que nem sempre constituem "minorias étnicas" e "minorias raciais", especialmente em escala local e mesmo regional). O fulcro da questão está num efeito específico: a ideologia e utopia raciais dominantes impõem a todas as categorias étnicas, raciais ou nacionais submetidas à *supremacia branca*, sem exceção, uma forte pressão assimiladora, que não deixa alternativas em problemas essenciais, de significado ou com implicações políticas. Essa pressão é intransigente e monolítica, embora quase sempre se justifique em nome da "integração nacional" ou da "democracia racial" e da "democracia cultural". Ela faz parte da complexa herança do mundo colonial (pois nasceu e foi aperfeiçoada no trato com o índio, com os escravos negros e com os mestiços, em condições nas quais eles constituíam maiorias hostis, firmando-se como um "perigo público" para a ordem escravista) e foi aperfeiçoada posteriormente, por imposições dos novos contingentes nacionais, trazidos com a imigração, e dos vários deslocamentos internos de populações mestiças.[9] Os movimentos sociais do "meio negro" acolheram positivamente essa pressão ét-

9. É preciso não esquecer que, no passado, o segmento branco da população de grande número de comunidades era minoritário e que suas elites abrangiam números ínfimos. Em várias áreas ainda hoje a população de cor suplanta a população branca (cf. "Beyond poverty", art. cit., tabelas I e II).

nica, forjando divergências que negavam a ordem racial existente, mas para afirmar maior integração racial, econômica, cultural, social e política no futuro. No fundo, o que se atacou e repudiou foi o modo unilateral com que a pressão assimiladora define os ideais a serem atingidos, o qual tem redundado em monopólio da igualdade, da liberdade e do poder pelos brancos dos estratos dominantes. Não é difícil perceber-se que o negro e o mulato não tinham (como ainda não têm) condições para desencadear outro tipo de negação e de oposição. Além disso, parece óbvio que, seguindo essa linha, o desmascaramento racial e o *protesto negro* acumulavam várias vantagens psicológicas e políticas, desarmando a reação conservadora e tornando pelo menos mais inteligível o que entendiam como *Segunda Abolição* (com o que esta representaria, se levada a cabo, para o desenvolvimento de verdadeiras estruturas nacionais de poder). Não obstante, o fato de quererem isso (e de se empenharem por isso), punha aqueles movimentos no mesmo barco em que estavam os setores dominantes da "raça branca", deixando-os inexoravelmente à mercê das determinações fundamentais da ideologia e da utopia raciais desses setores. Para atacar a desigualdade racial, com a ordem racial que a engendrava (oculta e mistificada por detrás da ordem existente), e assim desmascarar o branco e sua dominação racial autocrática, foi consagrado um caminho que não eliminava por completo o controle ideológico e utópico detido pela raça dominante. Portanto, o negro e o mulato tinham de projetar sua percepção crítica, e inclusive sua vontade revolucionária, como se fossem superbrancos, e tinham de afirmar, no processo de rebelião, o que estavam negando.

É claro que semelhante situação traduz a precária situação política de grupos rebeldes destituídos de poder e de meios para conquistá-los de modo mais ou menos rápido. O ponto de partida moderado, no entanto, também acaba tendo o seu preço: essa estratégia depende muito, para tornar-se eficaz, do grau de anuência ou de consentimento potencial que os donos do poder possam alimentar diante das causas dos rebeldes. Em outras palavras, resta saber como a divergência coletiva é recebida por setores que detêm, ao mesmo tempo, o controle ideológico e utópico da situação e seu controle institucional e político-estatal. Se eles se mostram abertos à aceitação tolerante da divergência e à introdução de mudanças para superá-las, a rebelião atinge seu alvo e se inicia um processo mais amplo de reforma social (com frequência sob controle conservador). No caso que descrevemos tal resultado só seria viável se as mesmas manifestações se repetissem em outras cidades brasileiras com a mesma intensidade e se vários estratos dissidentes da população branca aderissem à contrautopia da *Segunda Abolição*. Esta poderia merecer tal desdobramento político. Mas isso não ocorreu. Malgrado sua evidente importância para a integração racial em escala nacional — uma nação multirracial não pode considerar-se integrada sob o padrão de concentração racial da renda, do prestígio social e do poder vigente no Brasil — esse caminho de desintegração revolucionário das estruturas raciais existentes e de formação de novas estruturas raciais, pelo menos compatíveis com a universalização da desigualdade especificamente capitalista, não vingou.

Interessa-nos descrever pelo menos dois aspectos da situação que se criou, pois eles ensinam como uma "raça dominante", além de infiltrar sua ideologia e sua utopia raciais no pensamento revolucionário dos antagonistas, envenenando-o ou esterilizando-o, pode também inibir ou conter, por outros meios, as proporções, a propagação e a eficácia dos movimentos de rebeldia. No caso, este desdobramento autodefensivo era de fácil consumação, à medida que os movimentos de *protesto negro* nasceram e se mantiveram segregados no "meio negro", sem qualquer suporte nos demais estratos da população. Doutro lado, embora não exista, para a estrutura econômica da sociedade de classes brasileira, qualquer interesse em evoluir para o padrão sistemático de preconceito e de discriminação raciais (como o que existe nos Estados Unidos ou na África do Sul), o tipo de capitalismo dependente e subdesenvolvido imperante não pode prescindir da concentração racial da renda e do poder (e, em consequência, das formas pré ou subcapitalistas de exploração e de expropriação econômicas e de dominação política que ela envolve). Por isso, apesar do apregoado apego à *democracia racial*, os estratos "esclarecidos" das classes altas ou médias, que detinham o controle dos meios de comunicação e com frequência se mostravam acessíveis às diferentes modalidades de nacionalismo reformista, evitaram associar-se ao *protesto negro*. A sua contraideologia de desmascaramento racial e a sua contrautopia de uma *Segunda Abolição* entravam em conflito real com os "ideais democráticos" de tais classes, que veem na persistência de padrões arcaicos de relações raciais um cômodo sucedâneo do preconceito e da discriminação raciais sistemáticos. Por conseguinte, não havia como constituir-se uma "opinião pública" favorável aos movimentos de *protesto negro* fora e acima dos pequenos setores mais ou menos radicalizáveis da própria "população de cor".

O primeiro aspecto relaciona-se com o modo pelo qual os diferentes estratos do "meio branco" reagiram aos movimento de *protesto negro* ou a evidências práticas de sua contraideologia e contrautopia. Fala-se muito, ao discutir-se a situação dos povos subdesenvolvidos, na "apatia" das massas. No entanto, até onde essa apatia é um produto de exclusões, de controles e de opressões firmemente estabelecidos, institucionalmente ou não, e utilizadas com racionalidade pelo poder autocrático? Isso parece notório no caso em apreço. Vários líderes dos movimentos sociais tentaram angariar o apoio da imprensa e da rádio; muitos também fizeram sérios esforços para tirar sua causa do isolamento político e do confinamento ao "meio negro". Todavia, não obtiveram simpatia e apoio; antes, obtinham-nos e os perdiam, assim que revelavam seus propósitos autônomos e seus desígnios libertários e igualitários. Na aparência, o "meio branco" reagiu com notável indiferença, como se se tratasse de uma agitação estéril ou inútil. Ao interpretar-se esse padrão de reação societária, em bloco, percebe-se qual era a sua função: impedir que os setores destituídos de poder encontrassem ressonância, tornando-se aptos a fazer pressões políticas de baixo para cima. Além disso, em alguns níveis das classes médias e altas, como também em alguns círculos intelectuais e políticos dessas classes, os movimentos ficaram mais conhecidos, quase sempre como efeito de casos concretos (empregadas que passaram a discutir com as patroas; avaliações de atitudes, disposições de comportamento ou comportamentos de negros e de mulatos, envolvidos nos movimentos, como manifestações ostensivas e intoleráveis de "atrevimento" e de "ódio racial"; discussão etnocêntrica dos objetivos libertários e igualitários dos movimentos raciais). Colocada à prova, essa elite branca introduzia o comportamento autocrático em sua reação, que passava a ser hostil, recriminando a "intolerância do negro" e repudiando o seu "racismo"!

O segundo aspecto diz respeito a processos latentes de autodefesa da ordem racial que se escondem por trás da ordem estabelecida (e, portanto, de autodefesa do padrão assimétrico de relação racial, da desigualdade racial e da monopolização racial do poder pelo branco). Aparentemente, o "meio negro" não continha potencialidades para imprimir o maior ímpeto, continuidade e eficácia aos seus movimentos de protesto. Todavia, foi somente isso que ocorreu na realidade? Se se examinam bem as coisas, verifica-se que a impotência do "meio negro", em parte produto de sua situação econômica, sociocultural e política, também resultava de modo direto da estrutura racial da sociedade brasileira, que concentra o poder político no tope (nos setores dominantes das classes médias e altas, isto é, nas mãos das elites da "raça dominante"). Essa concentração pressupõe que a competição e o conflito, em fins voltados para a defesa, o controle ou a transformação da ordem social existente, constituem prerrogativas políticas dos brancos; e que, quando se tornam institucionalmente acessíveis à "massa", branca ou negra, só afetam matérias de rotina. As demais condições mantidas iguais, a mudança imposta debaixo para cima é inviável. Como não se põe a alternativa de a mudança vir espontaneamente como uma iniciativa de cima para baixo, temos: 1º) que as estruturas de poder são cegas aos "problemas das massas"; 2º) que tais estruturas operam de modo repressivo (inclusive por meios discretos) quando as massas questionam os "dilemas sociais" (o que parece criar ameaças incontroláveis ao caráter sacrossanto e à estabilidade do *status quo*). Isso transparece mais claramente nos movimentos de protesto racial que em outras manifestações do populismo, porque fica evidente que o negro foi tolhido na medida em que *não teve liberdade para usar o conflito racial em fins coletivos próprios*. Como o branco possui a liberdade oposta, de usar o conflito racial para preservar a ordem existente — embora isso permaneça dissimulado, pois o conflito é empregado sob a forma de violência organizada institucionalmente, através dessa mesma ordem — ele pode equacionar, estigmatizar e reprimir o "perigo do racismo negro", sem que o negro possa, legitimamente, desmascarar o mito da "democracia racial" e propor, em seu lugar, uma autêntica democratização das estruturas raciais da sociedade brasileira. O que resulta, daí, não é apenas a "impotência política" do negro e do mulato. É a neutralização do "meio negro" como coletividade ou categoria racial para qualquer processo dotado de real eficácia política. No fundo, o que se passou pode ser descrito, sociologicamente, como uma *contenção efetiva do radicalismo negro pela ordem social inclusiva* (embora ele ficasse nos limites do "legítimo" e defendesse a continuidade dessa mesma ordem social). Privado de condições para absorver as estruturas de poder que seriam necessárias para que ele pudesse equacionar e resolver (ou contribuir para equacionar e resolver) seus problemas sociais e o dilema racial brasileiro, o "meio negro" como um todo estava condenado a não poder tornar-se agente de seu destino, em todos os níveis da história.

A DEMOCRACIA RACIAL SEGUNDO A "RAÇA OPRIMIDA"

Seria ingênuo pensar-se que o dilema social, em si e por si mesmo, possa converter-se em foco de processos revolucionários de transformação da ordem. Contudo, sua análise é sociologicamente importante, porque desvenda como as ideologias e as utopias podem ser adaptadas a privilégios e a interesses de classes e categorias sociais, em posições estratégicas de poder, e como, de outro lado, ele estimula o aparecimento de contraideologias, de contrautopias e de contraelites. Na verdade, o avanço radical de ideologias e utopias totais — difundidas por classes dominantes e mais ou menos compartilhadas pelas demais classes de uma mesma sociedade nacional — ocorre em períodos de grande emulação coletiva, nos quais o idealismo revolucionário facilita concessões ou acomodações de teor libertário, igualitário ou humanitário que são, não obstante, incompatíveis com a ordem interna de uma sociedade estratificada (mesmo que ela seja uma "ordem social aberta", como a sociedade de classes moderna). Passados os períodos de efervescências e de confraternização revolucionária, o idealismo revolucionário desaparece, mas ficam as ideologias e as utopias forjadas ou redefinidas sob seu impacto. Então, as ideologias e as utopias convertem-se em máscaras, mesmo que mantenham conteúdos democráticos e impulsões revolucionárias. As classes e as categorias sociais dominantes, que as utilizam, empenham-se mais na consolidação do poder e em mudanças sociais que somente concorrem para a estabilidade do *status quo.* Por conseguinte, suprimem as relações das ideologias e das utopias com qualquer *praxis* revolucionária, e, com frequência, com sua própria prática social cotidiana: apegam-se, assim, ao significado abstrato-formal da ideologia e da utopia, segregando-o de modo mais ou menos completo daquilo que são compelidas a fazer, em virtude de seus interesses e relações de classe. Conseguem estabelecer uma espécie de conexão de sentido absoluta para suas ideologias e utopias, de grande utilidade como fundamento de um tipo especial de *dualidade ética*, que permite tratar as demais classes como se fossem "estranhos", "membros de outras sociedades" ou até como "inimigos". Esta função societária da dualidade ética é facilmente dissimulada e mascarada, graças ao artifício da segregação entre o formal-abstrato e o concreto, que opera como um fator de obnubilamento da consciência social de classe e de mitigação do significado social das inconsistências institucionais e dos conflitos axiológicos de uma civilização. A contradição entre esses dois níveis, por sua vez, não gera por si mesma reações desconfortáveis ou catastróficas. Especialmente se as classes preteridas ou prejudicadas esperam compartilhar "no futuro", de algum modo, da revitalização recorrente de privilégios sociais ou de interesses de classes emergentes e em crescimento. Essa dinâmica fortalece o poder de controle ideológico e utópico da sociedade pelas classes dominantes, e corrompe pela base qualquer espécie de "idealismo democrático" que elas se inculquem, em termos conservadores, reformistas ou revolucionários.

As coisas se apresentam, na situação brasileira, de modo mais complicado. Como a "revolução nacional" ainda não conduziu à completa descolonização, há margem para que grupos, setores de classes ou categorias raciais fixem na "integração nacional" a via pela qual se poderia consumar pelo menos a eliminação de formas arcaicas de desigualdade, representativas do *antigo regime*. Por causa de sua fraqueza econômica, sociocultural e política, eles têm de partir, forçosamente, de "críticas morais da ordem", isto é, de fazer oposição ostentando um zelo real ou simulado diante dos valores centrais das ideologias e das utopias das classes dominantes, consagrados oficialmente pela ordem existente. Os conflitos axiológicos são, assim, engrandecidos pelos divergentes, servindo de fundamento ao idealismo crítico e a seus desdobramentos práticos, reformistas ou "revolucionários". Por sua vez, as classes e as categorias sociais dominantes veem-se diante da desigualdade através de duas polarizações: o forte processo de revitalização de privilégios mais ou menos arcaicos; e o processo ainda mais importante dos interesses de classe propriamente ditos, resultantes da expansão interna do capitalismo moderno. Eles podem explorar a mística da "sociedade aberta", mas só em sentido não exemplar e com muito cuidado (mais verbalista que real e, de qualquer maneira, não no terreno político). Queiram ou não, são compelidos a "tomar a nuvem por Juno" e, o que é pior, a obrigar as outras classes e categorias sociais a fazerem o mesmo. Em consequência, não só segregam as objetivações abstrato-formais dos valores centrais de suas ideologias e utopias da prática correspondente cotidiana; projetam nessas objetivações um significado absolutista, maniqueísta e totalitário, como se elas fossem em si mesmas o concreto, o dado real, e a prática cotidiana um elemento contingente, irrelevante e transitório. Com isso pretendem proteger-se de riscos potenciais, congelando politicamente a crítica moral e a rebelião dentro da ordem, e impondo de maneira autocrática sua visão do mundo e sua imagem do Brasil.

Tudo isso coloca a reflexão sociológica crítica diante de uma confusa realidade. Como pensar sociologicamente as "saídas possíveis" se a circularidade é inerente à própria organização "nacional" da sociedade brasileira? Se mesmo em São Paulo, pouco tempo depois do que descrevemos acima, o próprio "meio negro" voltou as costas à rebelião coletiva, procurando explorar de forma individualista, egoísta e até elitista as novas oportunidades de classificação e de ascensão sociais (bem maiores atualmente que nas décadas de 1920, 1930 ou 1940), o que resta ao sociólogo, por maior que seja sua identificação com o igualitarismo? A questão é ainda mais complicada, pois as análises resumidas na segunda parte deste artigo indicam que uma autêntica democratização mais ou menos rápida das relações raciais continua a representar uma "improbabilidade histórica", quer se focalize a situação racial brasileira do ângulo do "branco", quer do "negro" ou do "mulato".

Supomos, porém, que há margem para se apanhar prospectivamente pelo menos algumas linhas desse ambíguo vir-a-ser. Primeiro, a nova orientação predominante no "meio negro", mais individualista, utilitarista e pragmática — e por isso tão chocante e antipática — parece conter alta dose de acerto (pondo-se de lado a mitificação do "*novo homem negro*"). Nessa orientação — e não no antigo protesto coletivo, que nos é tão caro — é que o negro e o mulato estão usando a armas dos próprios brancos. Eles estão elevando as potencialidades econômicas, socioculturais e políticas do "meio negro" e, por isso, estão se preparando para um novo tipo de embate (no qual será mais difícil alijá-los de todas as formas de competição e de conflito, na luta pela absorção e controle das estruturas de poder). Segundo, houve abandono prematuro dos movimentos sociais e difundiu-se uma reavaliação negativista contra qualquer forma de "protesto negro" coletivo. Mas os movimentos podem ser retomados — e é quase certo que o serão, oportunamente, redefinidos em suas formas, estratégia, objetivos e funções — pois eles constituem uma "exigência da situação". Com a experiência acumulada no mundo urbano-industrial, é duvidoso que o negro volte a centralizar seu esforço crítico e suas aspirações coletivas no combate ao dilema racial, que exigiria, para ser consequente, condições histórico-sociais para uma "revolução racial debaixo para cima". O negro e o mulato, atualmente, preferem mudanças circunscritas, porém compensadoras, irreversíveis e numa espécie de cascata, na lógica segundo a qual "uma mudança puxa a outra". Terceiro, o "meio branco", apesar de suas variadas e profundas divisões, continua tão indiferente ao *drama do negro* quanto o foi há algumas décadas. Houve um forte e desproporcional fortalecimento de posições conservantistas, reacionárias e autocráticas, dentro dele, em prejuízo de uma melhor compreensão das vantagens e da necessidade da democratização racial da riqueza, do poder e do prestígio social. Essas alterações negativas foram compensadas por outras mudanças paralelas, que alargaram a incidência de uma percepção crítica da desigualdade racial entre brancos de todas as classes sociais e facilitam o aparecimento de participação militante desses círculos em prol do inconformismo negro, desde que ele se concretize em torno de objetivos claramente definidos. Sob esse aspecto, a mitologia oficial, do Brasil como "paraíso racial" ou de que "entre nós o negro não tem problemas" está em crise no "mundo dos brancos". A mudança de mentalidades, na sucessão de gerações, tem abalado profundamente as formas ainda predominantes de hipocrisia racial e, em particular, tende a suscitar simpatia efetiva por um radicalismo igualitário na esfera das relações raciais.

Se os diferentes estratos da população negra e mulata de São Paulo puderem mobilizar-se de alguma maneira, para aproveitar suas novas possibilidades de autoafirmação, os problemas políticos que se colocam dizem respeito ao que fazer com a herança dos movimentos anteriores. Um hiato seria lamentável, pois se perderia todo o conhecimento crítico acumulado — sobre a realidade racial brasileira e sobre a posição que o negro deveria e pode ter em nossa sociedade. Todavia, as transformações foram profundas e definem uma linha de conduta: não se trata mais de recuperar padrões de reação racial do passado, mas de criar outros novos. Toda a estratégia dos antigos movimentos de "protesto negro" foi superada. Ela respondia a uma estado extremo de desespero, de isolamento e de frustração que praticamente "cegou" o negro diante do que lhe seria mais acessível e racional fazer, para atingir, gradualmente ou a médio e a largo prazo, os objetivos visados de "igualdade perante os brancos mais iguais". Há pouco interesse em repetir hoje os obsessivos e extensos debates sobre a existência (ou não) do preconceito de cor no Brasil e de colocar tanta ênfase nos requisitos ideais (como se definem legalmente) da igualdade racial em *uma ordem burguesa democrática*. Parece evidente que os novos debates deverão centralizar-se na concentração racial da renda e do poder (com seus múltiplos e ramificados efeitos) e nas medidas que podem ser adotadas para reduzir ou eliminar as práticas discriminativas que prejudicam o negro e o mulato, preservando indefinidamente a desigualdade racial e a supremacia da raça branca. Doutro lado, os movimentos deverão visar, em bloco, menos a integridade (ou a falta de integridade) dos brancos, que suas posições nas estruturas de poder. Isso requer que se produza um radicalismo racial mais coerente e eficaz, capaz de forjar solidariedade racial e lealdade racial numa escala inconcebível no passado, para permitir a superação tanto do facciosismo, do escapismo, do oportunismo, do mercenarismo — que solaparam tão fundamente o "protesto negro" no passado — quanto da insidiosa influência psicológica ou política da ideologia e da utopia raciais dominantes (ou seja, como dizem alguns líderes negros, do "cavalo de Troia branco"). Contudo, a orientação política geral dos movimentos de "protesto negro" era correta. Primeiro, eles eram *populistas* no sentido mais puro e preciso, e faziam da classificação de estoques raciais marginalizados ou excluídos um problema de igualdade econômica, sociocultural e política. Segundo, eles defendiam a revolução racial (embora definida como uma revolução dentro da ordem), como uma revolução democrática, de baixo para cima, imprimindo novo sentido à imagem do Brasil como nação multirracial democrática.

Essa orientação política geral merece ser retida e aperfeiçoada, em ambos os pontos, pois ela é essencial, ainda hoje, para definir a filosofia política global do negro e do mulato na luta pelo poder, pela igualdade e, especificamente, pela democracia racial.

Mais socializado pelo meio urbano-industrial ambiente, o "meio negro" é menos suscetível atualmente ao monolitismo que há quatro décadas. O próprio "meio branco" é menos monolítico — embora possa dar uma impressão oposta (pois a repressão ao radicalismo em geral e ao radicalismo das "raças oprimidas", em particular, é produto da dominação autocrática dos setores dominantes das classes médias e altas ou, em outras palavras, das elites dirigentes da raça branca). É importante quebrarem-se "unidades" fictícias, tanto no "meio negro", quanto no "meio branco". Quanto mais diferenciada for a gama de posições que o negro possa tomar, maior será o impacto dos novos movimentos de "protesto negro". Se essa diferenciação puder ser contida nos limites em que representem, efetivamente, interesses divergentes fundamentais dentro da estratificação do "meio negro" e se os movimentos puderem ligar entre si os grupos resultantes, no plano mais amplo da luta comum pela democratização racial da riqueza e do poder, a *Segunda Abolição* deixará rapidamente de ser uma contra-utopia aparentemente vazia. O que o "meio negro" precisa repelir, a todo custo, venha a ser a "repetição da história" em um sentido estreito (ou seja, reproduzir no presente o passado remoto ou recente do "meio branco"). Se o "meio negro" absorver os padrões autocráticos imperantes no "mundo dos brancos" — uma tendência muito forte à qual não se tem oposto — correrá o risco de implantar dentro de si mesmo o que mais tem odiado, a estrutura iníqua de um regime de classe deformante e deformado. Nessa hipótese, teríamos uma versão brasileira do "capitalismo negro" e do "elitismo negro", como contrapartida à dominação autocrática do branco, e está fora de dúvida que semelhante processo seria mais nocivo no Brasil do que tem sido nos Estados Unidos ou na África do Sul.[10]

Estas proposições podem parecer tendenciosas. Por que pôr nos ombros do negro e do mulato responsabilidades que não são igualmente imputadas ao branco? Porque o negro e o mulato constituem o pivô da revolução racial (dentro da ordem ou contra a ordem) no Brasil. Essa revolução nunca se consumará de modo pleno e total sem que o negro e o mulato a desejem ardentemente e a purifiquem de modo permanente, convertendo-se em suas forças de radicalização crescente. Para preencher esse papel histórico, é óbvio que eles precisam viver essa revolução antecipada e integralmente entre si, para transferi-la e difundi-la depois ao resto da sociedade brasileira. Não se trata de pensar o negro e o mulato separados do branco: mas em um todo no qual o ideal último da democracia racial deverá resultar da atividade histórica do agente realmente revolucionário. Em outras palavras, encarada desta perspectiva, a democracia racial (e seu futuro desenvolvimento) não depende apenas do "êxito" do negro e do mulato no "mundo dos brancos"

10. Temos em mente, em particular, a descrição de F. Frazier do comportamento das elites negras nos Estados Unidos (Bourgeoisie Noire, Paris, Librairie Plon, 1955, passim). Quanto à África do Sul, cf. esp. L. Kuper, An African bourgeoisie. Race, class, and politics in South Africa, New Haven/Londres, Yale University Press, 1965.

— ou seja: em sua luta com o branco pela igualdade em riqueza e poder. Ela depende também, e provavelmente em escala maior, do êxito do negro e do mulato em superar o branco e em vencer seu compreensivo anseio, que alimentaram no passado e ainda é tão forte, de se converterem em protótipos do *superbranco*. Pois uma verdadeira revolução racial democrática, em nossa era, só pode dar-se sob uma condição: o negro e o mulato precisam tornar-se o *antibranco*, para encarnarem o mais puro radicalismo democrático e mostrar aos brancos o verdadeiro sentido da revolução democrática da personalidade, da sociedade e da cultura.

A DINÂMICA DA MUDANÇA SOCIOCULTURAL NO BRASIL

É impossível apanhar os múltiplos aspectos da mudança social no Brasil através de algumas fórmulas gerais. O país não só é demasiado extenso e heterogêneo. As diferenças geográficas, econômicas, demográficas, sociais e culturais são significativas até em escala regional, fazendo com que o passado, o presente e o futuro coexistam e se interpenetrem inextricavelmente.

Por isso, nesta exposição não pretendo sugerir uma explicação sistemática da dinâmica da sociedade brasileira, encarada prospectivamente. Viso esboçar, apenas, um quadro de referência que permita entender melhor essa dinâmica, com vistas para o contexto civilizatório do qual o Brasil faz parte.

Para não estender demasiadamente o trabalho, evitei as digressões históricas e deixei para outra ocasião a fundamentação empírica das conclusões apresentadas. Doutro lado, pela mesma razão, só foram considerados, explicitamente, os tópicos fundamentais das questões debatidas. Tais questões delimitam, naturalmente, o mencionado quadro de referência e foram agrupadas em torno de três temas básicos: 1) vigência e eficácia da "civilização ocidental"; 2) o elemento político na mudança sociocultural espontânea; 3) os requisitos dinâmicos da integração nacional.

Os três temas, da maneira pela qual foram focalizados, respondem a uma problemática macrossociológica e se completam reciprocamente. O primeiro suscita questões relacionadas com a natureza, o sentido e a intensidade das tendências de mudança sociocultural. O segundo ergue questões que se referem ao controle societário da própria mudança sociocultural. E o terceiro levanta questões que dizem respeito às potencialidades da mudança sociocultural que são relevantes, atualmente, para o destino da "civilização ocidental" no Brasil.

1. VIGÊNCIA E EFICÁCIA DA CIVILIZAÇÃO OCIDENTAL

Em termos sociológicos, as sociedades humanas que tendem ou participam de um mesmo padrão de civilização podem ostentar essa condição de várias maneiras. No essencial, a vigência de um padrão de civilização sempre pressupõe um mínimo de eficácia em sua atualização histórico-social. Todavia, tanto estrutural quanto funcionalmente, ocorrem amplas flutuações em torno e abaixo ou acima desse mínimo. As sociedades do Novo Mundo não constituem exceção a essa regra. Ao contrário, elas mostram como as contingências da conquista, da colonização e da integração nacional afetaram, por vezes de modo dramático e profundo, a amplitude, o curso e os efeitos de "expansão da civilização ocidental" nesta parte do globo.

Os países do Novo Mundo herdaram da Europa, simultaneamente: 1) um conjunto de técnicas, instituições e valores sociais que caracterizam, material e moralmente, o estilo de vida humana na chamada "civilização ocidental moderna"; 2) um conjunto de tendências para explorar e desenvolver as potencialidades dessa mesma civilização nas relações dos homens com as forças da natureza, da sociedade e da cultura. Não obstante, isso se deu em situações históricas muito peculiares. Para transplantarem a civilização de que eram portadores e à qual se apegavam emocional e racionalmente, os homens tinham de forjar, em luta constante e incerta com fatores variavelmente adversos, as condições materiais e morais que a convertiam numa realidade histórica. Desse ângulo, o agente humano exercia uma atividade criadora específica, pois ele "produzia" ou "fabricava" os suportes que iriam assegurar viabilidade ao processo de transplantação sociocultural. O sucesso logrado não foi, porém, o mesmo em toda parte. Às vezes, como consequência de variáveis que se prendem ao ego-envolvimento do homem aos valores ideais de sua civilização, outras por causa do volume e da inflexibilidade de fatores naturais ou históricos, e não raro pela combinação dessas influências adversas, o rumo dos acontecimentos divergiu do sentido das intenções. Daí resultou a persistência e, em certos casos, o fortalecimento de condições relativamente desfavoráveis ao funcionamento integrado e à diferenciação contínua do padrão de civilização transplantado. Embora isso não excluísse a vigência de tal padrão, introduzia um novo elemento de variação; grau de eficácia dele passava a constituir uma função do êxito relativo atingido socialmente pelo homem na correção e no controle progressivos daquelas condições. Em suma, sem reduzir-se a mero símbolo, a vigência universal de um mesmo padrão de civilização deixou de ter qualquer significado preciso como índice da eficácia dessa mesma civilização.

Tendo em vista o que interessa à presente discussão, isso quer dizer, em termos menos gerais, que se estabeleceu um contraste entre modelos ideais e as formas reais de organização social da vida humana. Esse é um ponto de importância analítica fundamental. A ordem social correspondia ao padrão de civilização vigente, mas, de modo incompleto e, não raro, deformado e aberrante. Onde o homem se conformava com essa espécie de degradação involuntária do tipo de civilidade adquirido por herança social, o padrão de civilização transplantado ficava, naturalmente, condenado à estagnação, à regressão ou à substituição. Onde o homem se opunha a tal degradação e procurava corrigí-la ou pelo menos detê-la, esse padrão de civilização encontrava continuidade e, aos poucos, adquiria condições para funcionamento integrado e, até, para desenvolvimento equilibrado autônomo (como aconteceu nos Estados Unidos). Pelo que se sabe, as três alternativas implícitas nesses mecanismos adaptativos se desenrolam, historicamente, ao longo da expansão da civilização ocidental no Novo Mundo. O caso brasileiro não é totalmente particular. Mas ele exprime, de maneira típica, a alternativa intermediária, que se caracteriza por disposições específicas bastante fortes de preservar o padrão de civilização transplantado, de expandir sua área de vigência, aumentando progressivamente sua eficácia social, e de imprimir-lhe uma feição própria (ou de "cunho nacional").

Colocado nessa situação histórico-cultural, o agente humano tende a representar-se e a agir como uma espécie de "consumidor" dos bens da civilização. Doutro lado, os centros de difusão cultural são representados e operam, de fato, como se fossem os "produtores" desses bens. Estabelecem-se, assim, duas escalas ou ritmos de tempo: uma na qual a história constitui uma realidade interna e uma dimensão orgânica da vida do agente; outra, que é a história dos centros de difusão e que, absorvida vicariamente, serve para delimitar, no espírito do agente, de modo antecipado, a direção e os efeitos do "progresso". O afã de equiparar as duas escalas (ou pelo menos de reduzir sua assincronia ao mínimo) afirma-se como a tendência subterrânea, mas básica, de todo o processo civilizatório.

Não é fácil mencionar, em poucas palavras, os aspectos dessa situação que são mais relevantes para a compreensão da dinâmica da mudança sociocultural no Brasil. Por isso, selecionei quatro questões, que me parecem mais significativas. Duas das questões referem-se a facetas interdependentes do mesmo problema: a transplantação do padrão de civilização ocidental. No estado atual das investigações sobre o assunto, ainda prevalecem explicações unilaterais sobre a natureza desse processo e, especialmente, sobre o que ele representa no seio da sociedade receptora.

Tem-se discutido a transplantação como se ela fosse um processo automático. Um dar e um tomar, no qual apenas entrariam em jogo imitação, cópia e reprodução. Entretanto, essa focalização do processo é falaciosa, pelo menos no que tange aos povos do Novo Mundo. O aspecto essencial, no caso, não é a transferência de conteúdos e práticas culturais, em si mesma; mas o modo pelo qual a própria transferência se desenrola histórica e socialmente. Os europeus que migraram para o Novo Mundo trouxeram consigo uma civilização da qual não se pretendiam descartar e da qual não se separaram. Portanto, a transferência envolvia disposições emocionais, racionais e morais fundamentais, que convertiam a transplantação numa complexa reconstrução das condições anteriores de existência social.

Não obstante, se não era difícil transplantar as formas e os significados das técnicas, instituições e valores sociais, era praticamente impossível fazer o mesmo com as condições materiais e morais que garantiam a sua integração estrutural e regulavam, por conseguinte, as suas funções e o seu rendimento social. Tais condições podiam ser previstas como necessárias. Mas não podiam ser transferidas. Elas tinham de ser literalmente criadas pela atividade social dos homens, como ponto de partida para a preservação da herança sociocultural que as exigia.

Esse foi um terrível dilema, pois a existência de um padrão de civilização demasiado complexo, acrescida do apego emocional e moral que propendia a reduzir ao mínimo as perdas inevitáveis, complicaram sobremaneira a reconstrução das bases anteriores do estilo de vida. Em tal contexto histórico-social, definiu-se uma tendência de acomodação extremamente eficaz. As técnicas, as instituições e os valores sociais transplantados forneciam *modelos ideais* para a organização social das atividades humanas, da personalidade e da sociedade. O grau de eficácia, conseguido em suas diferentes aplicações sociais, engendrava as *formas reais* de organização social das atividades humanas, da personalidade e da cultura. O contraste que se estabelecia entre ambos é patente. No nível dos modelos ideais, a absorção "antecipada" pressupunha amplas potencialidades adaptativas, parcial ou totalmente inexploradas. No nível das formas reais, a absorção "efetiva" significava perda provisória ou definitiva de controles sociais sobre forças da natureza da sociedade ou de cultura previamente domesticadas na civilização transplantada.

Esse contraste entre modelos ideais e formas reais de organização social é que permite entender a natureza criadora dos papéis sociais dos indivíduos migrantes como agentes da transplantação cultural. Para preservar, fruir e desenvolver sua herança sociocultural, eles tiveram de inventar e construir, engendrando um mundo social porventura diferente, mas suscetível de absorver e de expandir o padrão de civilização herdado.

Por aí se vê que a vigência e a eficácia daquele padrão de civilização não podiam ser realidades paralelas. Muitas vezes, a vigência se confundia com algo puramente nominal ou virtual; outras vezes, a eficácia só aparecia na esfera das reações compensatórias e do engrandecimento do *ego*. Todavia, a partir desse patamar se erigiam mecanismos corretivos, que concorriam para normalizar a implantação daquela civilização. Tais mecanismos relacionavam-se, naturalmente, com o teor dentro do qual as manipulações sociais dos modelos ideais conduziam a formas reais de organização social de graus mais altos de eficácia.

Por isso, três coisas são evidentes. Primeiro, o que se poderia chamar de desenvolvimento prévio da estrutura social passou a condicionar o uso crescentemente mais eficaz dos modelos ideais. Através desse desenvolvimento, formavam-se ou fortaleciam-se as condições materiais e morais requeridas, saturando-se assim os vazios históricos existentes. Segundo, o mesmo tipo de desenvolvimento servia como condição para novos tipos de relação do homem com os modelos ideais. A partir do momento em que eles pudessem ser explorados dentro de limites ótimos de eficácia ou que se pudesse perceber concretamente sua obsoletização forçada, abria-se o caminho tanto para o desencantamento quanto para a aceitação de modelos ideais mais complexos, procedentes dos mesmos centros de difusão cultural. Terceiro, tal desenvolvimento raramente se dava como transformação homogênea da ordem social total. Ele se circunscrevia ou, pelo menos, era mais intenso e profundo nas camadas sociais cujo padrão de vida realizava melhor os requisitos para a absorção da civilização transplantada.

A terceira questão refere-se ao tipo particular de tensão, que ficava por trás de tais conexões entre modelos ideais e formas reais de organização social. A dinamização de atitudes e de comportamentos que pressupunham identificação para com os modelos ideais (vigentes ou alternativos) procedia de incentivos regulados socialmente. Na verdade, as formas reais podiam traduzir um grau mais ou menos insuportável de "atraso" ou de "obsoletização". Mas isso só aparecia assim para círculos sociais que podiam ter motivos para desejar socialmente uma exploração mais eficaz dos modelos ideais vigentes ou sua substituição por modelos ideais alternativos mais complexos. Em regra, como se pode observar através da luta pelo controle do poder político entre os setores português e brasileiro da aristocracia agrária, pelo abolicionismo ou pelo movimento republicano, as opções conservantistas e inovadoras afetavam segmentos da mesma camada social (também os únicos que tinham condições socioculturais para fazer aquelas opções). Elas eclodiam socialmente por meio de um mecanismo verdadeiramente elementar, que operava como regulador dinâmico do processo civilizatório. A opção conservantista identificava as formas reais de organização como um limite entre o "bom senso" e a "anarquia", portanto como o "avanço" possível e mesmo ideal na "situação brasileira". A opção inovadora se preocupava mais com o vazio existente entre os modelos ideais e as formas reais de organização social, que era a maneira mais simples de determinar o grau de obsoletização dessas últimas ou, conforme as circunstâncias, de "atraso do país". Essa modalidade de crítica social, confinada aos interesses e aos valores divergentes da mesma camada social, achava proteção nos *mores* vigentes e acabava sendo socialmente legítima, propendendo para o conhecido padrão de "revolução dentro da ordem". Com frequência, os seus adeptos aumentavam rapidamente; e, quando as inovações defendidas caíam no consenso social como uma "necessidade inadiável", os advogados de opção oposta se viam na contingência de aceitá-las rapidamente, como expediente para controlar a sua aplicação.

Para os fins desta exposição, impõem-se ressaltar duas coisas. De um lado, a função desse tipo de tensão. Em termos socioculturais, trata-se de uma tensão estrutural e dinamicamente vinculada ao processo de expansão da civilização ocidental no Brasil. Ela fomenta estados de consciência social que permitem uma visão mais clara das limitações das formas reais ou do teor obsoleto dos modelos ideais de organização social. Ela incentiva, ao mesmo tempo, estados de querer social que pressupõem propensões mais ou menos fortes e decididas: a) de identificação com o fluxo exterior do "progresso"; b) de lealdade para com a internalização desse fluxo pela sociedade brasileira. No conjunto, pois, a referida tensão preenche a função de regular o ritmo e a continuidade do desenvolvimento da civilização ocidental no Brasil. De outro lado, o mecanismo elementar, pelo qual essa tensão se objetivava socialmente, convertia-se em substrato básico de todo e qualquer processo de mudança sociocultural. O alcance dentro do qual ele podia operar construtivamente dependia, naturalmente, da estrutura do contexto histórico-social em que a tensão se desencadeasse. Ainda assim, é possível atribuir-lhe três funções socioculturais distintas. Primeiro, a de canalizar socialmente o inconformismo específico, que podia nascer dos contrastes entre os modelos ideais e as formas reais de organização social, mas que se polarizava como insatisfação profunda contra efeitos da distância histórica existente entre o Brasil e os centros de difusão de sua civilização. Segundo, forçar um certo ritmo de renovação sociocultural interna constante e com intensidade suficiente para impedir a estagnação do fluxo dessa civilização no seio da sociedade brasileira. Terceiro, manter a organização da vida humana em patamares que facilitassem, em dados momentos, a absorção dos "progressos" realizados pela mesma civilização no exterior e supervalorizados a partir dos seus próprios centros de difusão cultural.

A quarta questão refere-se às consequências introduzidas pela expansão da civilização ocidental no Brasil. A revolução burguesa, em particular, concorreu para conferir ao Brasil bases materiais e morais mais adequadas ao funcionamento e ao desenvolvimento normais da civilização ocidental. Além disso, em algumas comunidades urbanas e nas regiões que sofrem diretamente o seu impacto metropolitano, ela está difundindo um novo estilo de vida social, que repele fundamentalmente a relação anterior entre vigência e eficácia do padrão de civilização existente. Delineia-se, assim, um novo desdobramento, que faz da "civilização industrial" uma entidade compulsiva, que compele o agente humano a combinar de maneira mais harmônica e íntegra os modelos ideais e as formas de organização social. A vigência aparente perde cada vez mais o caráter de um símbolo desejável, como prenúncio de um futuro a ser conquistado pela ação humana; e a eficácia reduzida passa a ser concebida como pura devastação de recursos materiais e humanos. A confluência de vigência-efetiva e eficácia-limite surge como único índice viável para medir a capacidade de controle das forças naturais, sociais e culturais do ambiente pelo homem. Isso equivale a ruptura com o antigo esquema, que impunha uma dualidade de escalas ou de ritmos de tempo, e, especialmente, a conquista de uma perspectiva histórica autônoma, suscetível de organizar independentemente os papéis sociais dos seres humanos como e enquanto agentes do processo de mudança sociocultural.

Parece claro que esse desenvolvimento recente (e em pleno processo) pressupõe um salto histórico. Doutro lado, também é patente que ele coloca a sociedade brasileira diante de uma alternativa revolucionária, nascida da contingência de oferecer à civilização ocidental condições materiais e morais suficientes para seu funcionamento normal e de desenvolvimento autônomo no Brasil. No entanto, essas exigências só se fazem sentir intensamente nas áreas do *Brasil moderno*, que compartilham o estilo de vida social emergente. Por isso, o complexo equilíbrio estrutural e dinâmico entre civilização e organização da vida humana ainda é uma necessidade confinada e, sob muitos aspectos, sufocada no plano nacional. Mesmo assim, ele está criando e generalizando um novo tipo de tensão, que transforma a questão da vigência do padrão de civilização ocidental em um problema de eficácia e em um dilema histórico. Ela se mostra, por enquanto, demasiado fraca para promover a rápida superação do impasse que pairava sobre o Brasil e ainda persiste. Mas tem sido bastante forte para gerar um clima moral minado por insatisfações profundas, amargas perplexidades e esperanças radicais, como se houvesse chegado o momento de uma escolha definitiva entre o *passado* e o *futuro*.

2. O ELEMENTO POLÍTICO NA MUDANÇA SOCIOCULTURAL

Os sociólogos têm negligenciado a importância do elemento político na mudança sociocultural. No entanto, essa negligência não se justifica, do ponto de vista teórico, e na prática estreita a descrição e a interpretação da realidade. Como sucedeu com várias sociedades nacionais, que participam do mesmo círculo civilizatório, o Brasil já atingiu um nível de diferenciação social que converte os seus problemas de mudança em problemas fundamentalmente políticos. Eles são problemas políticos em três sentidos distintos: a) por dependerem ou resultarem de mecanismos de ação grupal que traduzem as posições relativas dos grupos na estrutura de poder da sociedade nacional; b) por exprimirem a natureza e o grau de poder alcançado por determinados grupos tanto na universalização de seus interesses, ideologias e valores sociais quanto no controle dos processos que afetam socialmente, de modo direto ou indireto, a manifestação daqueles interesses, ideologias e valores sociais; c) por indicarem em que sentido e dentro de que limites a organização da sociedade absorve, protege e expande, institucionalmente, as condições que são essenciais para o seu equilíbrio interno. Aqui e na parte subsequente só serão considerados alguns aspectos desses problemas, que demonstram como o elemento político afeta a atuação social (ou a ausência dessa) dos grupos que ocupam uma posição estratégica na estrutura de poder.

As conclusões expostas anteriormente sugerem que a expansão da civilização ocidental no Brasil alcançou um ponto crítico, que põe em xeque, de maneira peculiar, o desenvolvimento induzido de fora. No passado, mesmo no passado recente (até que os efeitos da Segunda Grande Guerra se fizeram sentir na estrutura socioeconômica da sociedade brasileira) essa questão não era socialmente importante. As contradições existentes entre os modelos ideais e as formas reais de organização social criavam tensões que podiam ser manipuladas de dentro de uma mesma classe social, segundo as exigências da situação de classe correspondente e através de mudanças graduais. No momento, porém, o quadro é diverso. O estilo de vida imperante nas regiões industrializadas e nas comunidades urbanas dotadas de funções metropolitanas requer um grau de internalização dos modelos ideais que impõe, queira-se ou não, o aparecimento mais ou menos rápido das condições econômicas, sociais e políticas exigidas por aquele estilo de vida. Isso projeta a modernização nas diferentes situações de interesses das classes sociais em presença. Doutro lado, faz com que o desenvolvimento passe a interessar a todas as classes, definindo-se como "matéria de interesse nacional", e com que as tensões engendradas pela modernização se emaranhem nas relações de classe.

Para enfrentar a complexa situação histórico-social que se está criando, as elites atuantes, no poder ou fora dele, precisariam possuir uma visão objetiva da realidade e um mínimo de capacidade de ação racional com relação a fins. Os fatos desvendam, contudo, algo paradoxal. Os mesmos agentes humanos, que se revelaram capazes de absorver o "progresso" até o ponto de provocarem uma *crise de crescimento* tão profunda na sociedade brasileira, mostram-se rígidos, tímidos e desorientados diante das escolhas e das realizações que precisam ser empreendidas na nova cena histórica. Não só o elemento de decisão que informa racionalmente o comportamento social inteligente está frequentemente abaixo da situação e mais ou menos cego às suas imposições mais simples e claras. Ele colide com elas, estimulando ajustamentos contraproducentes e tornando a transição difícil e atormentada. Por que as coisas se passam desse modo e quais são os efeitos delas decorrentes são duas questões a serem debatidas nesta parte do trabalho.

Quase todos os estudiosos que lidaram com a situação brasileira contemporânea deram respostas à primeira questão. Em termos teóricos, seria possível resumir as suas conclusões em poucas palavras. Como ocorreu em outras sociedades, em fases correspondentes de crises análogas, a intensidade, o grau de sincronia e o ritmo da mudança social no Brasil são insuficientes para introduzirem alterações substanciais bastante rápidas e homogêneas no horizonte cultural médio dos diferentes estratos sociais. Em consequência, cada um desses estratos tende a ajustar-se às condições e às tendências da mudança social em função de interesses, de ideologias e de valores que exprimem ou as posições que possuíam ou as posições que estão adquirindo na sociedade nacional. Por essa razão, apegam-se de modo obstinado a representações sociais e a formas de comportamento social variavelmente particularistas e obsoletas. Em suma, cada estrato procede como se as mudanças em curso não desembocassem numa confluência de vantagens comuns. Dentro desse contexto, a elaboração social da inteligência e sua exploração como força social construtiva sofrem profundas limitações e deformações. E, e o que é mais importante para esta análise, estabelece uma espécie de ponto morto de desequilíbrio, que perpetua o desajustamento estrutural inerente ao padrão da mudança social na atualidade, e eterniza as iniquidades sociais que ele pressupõe ou acarreta.

Está claro que é nesse ponto morto de desequilíbrio e nos seus efeitos dinâmicos recorrentes que o sociólogo encontra explicação para o uso improdutivo ou socialmente deformado da inteligência e de suas aplicações racionais. Por isso, os estudiosos que se preocuparam com o fenômeno têm tentado explicar esse ponto morto, relacionando-o com fatores como a desorganização social, as tensões demográficas, a modernização deficiente, a modernização excessiva, o desenvolvimento econômico "estrangulado", o crescimento urbano "congestionado", a mobilidade social, a debilidade das instituições (especialmente na esfera política), a resistência à mudança etc. Na verdade, fatores dessa natureza operam conjugadamente e concorrem simultaneamente para impedir que o ritmo da mudança consiga vencer o ponto morto de desequilíbrio. Seria preferível tentar descrever este fenômeno à luz das influências mais gerais e integrativas, que coordenam e justificam, inclusive, as diferentes manifestações desses fatores. Com esse objetivo, foram escolhidas três perspectivas descritivas, que permitem encarar o fenômeno à luz de tendências globais de transformação da ordem social e no nível em que operam as influências de caráter especificamente inovador ou conservantista.

No nível das tendências globais de transformação da ordem social seria preciso determinar como a *revolução burguesa* se refletiu ou tende a refletir-se nos conteúdos e na organização do horizonte cultural médio. Dois elementos convergentes precisam ser tomados em conta. Primeiro, a revolução burguesa surge, no Brasil, dentro do contexto e como episódio da expansão econômica do mundo rural. Não foi só a agricultura que forneceu o ponto de partida para a acumulação de capital, na qual se fundou aquela revolução; foi também o homem do campo que estendeu o raio de ação de suas atividades, inserindo a cidade dentro dele. O fazendeiro, quando se envolveu nesse processo, continuou simultaneamente preso aos papéis sociais que possuía no mundo rural. O imigrante desprendeu-se econômica e socialmente do mundo rural, mas levou consigo as concepções rurais de organização da vida. Essa circunstância tem grande importância analítica para a explicação dos rumos tomados pela expansão do capitalismo no Brasil. Pois, no fundo, a revolução burguesa foi, largamente, empreendida e conduzida por agentes humanos cujo horizonte cultural estava moldado para o estilo de existência, a economia e a previsão do futuro da "comunidade integrada". Tais agentes histórico-sociais viram-se condenados a explorar formas novas de organização das atividades econômicas segundo a escala de grandeza que extraíram de sua concepção do mundo. Os ajustamentos práticos iriam assumir, por conseguinte, enorme significação dinâmica. É que deles passou a depender a renovação do horizonte cultural herdado. Segundo, a revolução burguesa assume, no Brasil, um tempo e um ritmo que atestam as dificuldades do país em realizá-la. Confinada às cidades e irreversível apenas nas áreas de certa vitalidade econômica, ela se debate, desde o último quartel do século XIX até os nossos dias, nas malhas de um terrível círculo vicioso. Processos econômicos débeis e estruturas sociais rígidas são os dois polos desse círculo vicioso, os quais caracterizam a revolução burguesa brasileira como um processo extremamente lento, descontínuo e convulsivo. Em virtude dessas condições, os ajustamentos práticos perderam grande parte do poder corretivo que poderiam ter e contribuíram em escala mitigada para a renovação do horizonte cultural herdado. Portanto, as origens e o desenvolvimento da revolução burguesa explicam razoavelmente a persistência e a tenacidade de um horizonte cultural que colide com as formas de concepção do mundo e de organização da vida inerentes a uma sociedade capitalista.

Esses resultados esclarecem, mais ou menos, o que cai no âmbito dos fenômenos *ex post facto*. Ao assimilar o padrão de revolução social burguesa, a sociedade brasileira expurgou-o (presumivelmente de maneira provisória) de certos componentes, que pressupunham elevados graus de racionalização nas formas sociais de consciência e de organização do comportamento. Restaria saber como a questão se coloca, tendo-se em vista a natureza das influências inovadoras, que se manifestam através de situações e de processos sociais *in flux*. Dessa perspectiva, a análise conduz a evidências paradoxais. Primeiro, a expansão da ordem social competitiva ainda não foi suficientemente longe para criar situações de classe verdadeiramente integrativas e para universalizar certos mecanismos de acomodação pelo menos dentro de uma mesma classe. Segundo, as debilidades dos processos econômicos geram atitudes e comportamentos sociais imediatistas, oportunistas e ultraegoísticos em todas as classes sociais, os quais animam ajustamentos tão obstinados e rígidos quanto os que se produziriam por conflito social. Terceiro, a intensa e extensa mobilidade social (horizontal e vertical) comporta motivações psicossociais dissociativas persistentes, que solapam a forma de solidariedade de classe e generalizam aspirações inconsistentes de classificação social. Nesse contexto, duas tendências contraditórias se configuram dinamicamente. Uma, polarizada em torno de elementos adversos à expansão da ordem social competitiva (e que são, no fundo, fatores arcaizantes herdados do passado). Polarizações dessa espécie aparecem frequentemente em todas as classes e redundam em ajustamentos de extrema irracionalidade. Outra, polarizada em torno de elementos favoráveis à expansão da ordem social competitiva (e que correspondem aos fatores de inovação mais profundos, produzidos pelo estilo de vida social vigente). Tais polarizações também aparecem com frequência em todas as classes e exteriorizam, em graus variáveis, o tipo de racionalidade exigido pelo presente. As investigações feitas não permitem determinar a proporção das primeiras polarizações sobre as segundas. Mas elas deixam claro que, quer se trate do operário, do estudante, do professor ou do industrial, as primeiras polarizações acabam possuindo uma importância dinâmica considerável nas atitudes e nos ajustamentos sociais. Configura-se, assim, um universo sociocultural que neutraliza variavelmente as influências inovadoras ou que tende a reduzir o seu impacto positivo sobre o desenvolvimento da ordem social competitiva.

Isso significa, em outras palavras, que o chamado *elemento tradicionalista* continua vivo, operante e com grande vitalidade. Como as influências arcaizantes e inovadoras se combinam inextricavelmente, aquelas não só atuam por dentro das situações histórico-sociais novas; fazem-no irruptivamente, sem os controles que limitavam sua potência na ordem social tradicionalista. Desse ângulo, parece que a principal desvantagem da ordem social competitiva, nos países em que ela se instaura em condições desfavoráveis, consiste em que ela agrava, nas fases iniciais de desenvolvimento pelo menos, a concentração social da renda e do poder. Nessas fases, ela mais aumenta que modifica as categorias dos entes sociais "privilegiados". Parte desse fenômeno vem a ser a persistência (velada ou aberta) e o agravamento das formas autocráticas de controle, aplicadas com intensidade principalmente nas áreas relacionadas com o suprimento, a utilização e o custo do trabalho. Esses episódios se repetiram no Brasil graças a duas circunstâncias. Primeiro, as elites tradicionais aceitaram facilmente o princípio da livre concorrência na esfera das relações econômicas estratégicas, viam na concorrência um ônus social inexpressivo, ao lado de compensações muito vantajosas (o funcionamento e o desenvolvimento da economia com base no trabalho livre). Todavia, repeliram na prática a igualdade jurídico-política e se apegaram tenazmente às formas tradicionais de mandonismo, como recurso para manter suas posições de dominação na estrutura de poder da sociedade nacional. Segundo, os grupos em ascensão, constituídos principalmente por imigrantes, acomodaram-se de modo espontâneo às expectativas daquelas elites. Empenhados em "fazer fortuna" e em retornar o mais depressa possível às comunidades de origem, viam apenas vantagens na referida acomodação e, em especial, nas técnicas autocráticas de uso do poder. Quando as aspirações de retorno se revelaram uma miragem, as vantagens evidentes dessas técnicas (muitas vezes incorporadas de forma diferente às suas tradições culturais) prevaleceram sobre outras razões (como, por exemplo, as impulsões igualitárias e de defesa de um estilo democrático de vida). Estabeleceu-se uma equivalência de interesses, que possibilitou a perpetuação tácita do mandonismo no seio das cidadelas da expansão capitalista. Essa conexão tem particular importância na presente análise. Ela evidencia, de um lado, que influências tradicionalistas poderosas tiveram ampla continuidade na organização das relações humanas, através da revolução burguesa. Ela sugere, de outro lado, que nem sempre é correto dizer-se que a modernização absorveu influências arcaizantes. Às vezes, também sucedeu o contrário, onde foi a tradição que absorveu influências modernizantes. Tudo isso mostra quão complexo é o quadro global. E, o que importa mais, oferece um sistema de referência para compreender-se por que as influências conservantistas se mantiveram tão fortes e em condições de neutralizar o impacto das influências inovadoras no comportamento social inteligente.

A segunda pergunta dirige as indagações para produtos estruturais e dinâmicos desse complexo e heterogêneo quadro histórico-social. Foram selecionados, apenas, três aspectos mais significativos para a presente discussão. Mas eles parecem suficientes para que se entenda o que ocorre, quando o conformismo se impõe praticamente numa sociedade em mudança. Deixando de ser uma resposta normal a certas condições de convivência social, ele se converte em meio para atingir outros fins. Aparece, assim, como puro ingrediente político, cuja função, parcialmente manifesta apesar de tudo, consiste em conter o ritmo de alteração das estruturas de poder nos limites da situação de classe das elites tradicionais. Isso acarreta perdas irrecuperáveis diante de alternativas socialmente construtivas e obscurecimento da consciência social do futuro. Por fazerem parte de uma composição política irracional, porém, efeitos dessa ordem são encarados e aceitos como ocorrências naturais, justificadas e necessárias.

O aspecto mais importante diz respeito a um efeito óbvio, mas crucial. Trata-se da influência unilateral, absorvente e prepotente de círculos sociais pouco aptos a entender e a manipular as exigências da situação a curto e a longo prazo. A questão não está em que o "tradicionalismo" seja pior que a modernização, pois ambos apresentam dilemas quanto ao seu custo social ou às suas vantagens e desvantagens. É que o "tradicionalismo" deixou de ter conteúdo e não responde ao sentido do processo histórico-social. Ele se mantém como expediente político de alcance limitado, já que se confina aos interesses sociais de uma classe. Por essa razão, nada justifica seu enorme custo social e, ainda menos, os riscos que ele cria, por causa das tensões que desencadeia. Entretanto, não é aí que se acham suas principais consequências funestas. Estas podem ser reduzidas a duas. Primeiro, a deformação das formas de poder inerentes à ordem social competitiva. Essa ordem social impôs normas e valores próprios em todos os níveis das relações humanas. Ao serem introjetados no horizonte cultural preexistente, porém, essas normas e valores foram redefinidos e projetados no contexto da dominação tradicionalista (às vezes, de tipo puramente patrimonialista). Daí resultou a perpetuação de técnicas sociais inoperantes numa sociedade de classes; e extrema concentração do poder nas mãos de círculos sociais propensos: 1) a exercer pressões negativas, ultraegoístas e obscurantistas sobre os grupos mais ou menos empenhados em aproveitar construtivamente as alternativas viáveis de aceleração da mudança social; 2) a degradar os efeitos políticos da igualdade jurídica e a restringir o impacto da livre competição fora da área econômica; 3) a proscrever o conflito como mecanismo de acomodação de interesses e de relação intergrupal. Segundo, a exploração de técnicas de dominação demasiado rígidas, incompatíveis com a estrutura e o funcionamento das relações de poder numa sociedade aberta. A eficácia das técnicas de dominação tradicionalista (inclusive de tipo patrimonialista) na sociedade brasileira do passado não procedia das qualidades intrínsecas de tais técnicas. Mas do consenso que a legitimava e de sua compatibilidade com a ordem social existente. Na sociedade competitiva elas perderam, ao mesmo tempo, os fundamentos de sua legitimação social e de sua eficácia prática. E as funções que desempenham conduzem, inevitavelmente, ao represamento e à inibição de tendências de mudança social espontânea profundamente vinculadas à nova estrutura social. Portanto, em vez de obter obediência, adesão e identificação ou de eliminar o conflito, essas técnicas cultivam forças sociais explosivas, que poderão assumir os padrões normais de manifestação da violência nas relações de classes. Aliás, outras formas de solução das tensões latentes ficam excluídas, desde que inovações de interesse coletivo e ideologicamente neutras são reprimidas, solapadas ou proscritas.

Outro aspecto de relativa importância na situação global relaciona-se com as orientações suscitadas por semelhante rigidez numa era de mudanças sociais de caráter estrutural. Em virtude do teor irracional das pressões conservantistas, qualquer inovação, em particular, e o processo de modernização, em geral, são avaliados e repelidos ou aceitos num contexto de extrema irracionalidade. Mesmo soluções técnicas, que tiveram algumas vezes conotações ideológicas na época em que surgiram (na Europa e nos Estados Unidos) ou que nunca tiveram tais conotações, são expulsas por aquelas pressões para as esferas da opção ideológica e da luta política. Essa situação envolvente provoca tendências reativas muito diversas, quanto ao grau de irracionalidade, mas sempre numa escala que as torna improdutivas. No nível dos círculos conservadores, ela estimula o crescente recurso ao *enrijecimento*, mesmo pela violência organizada. Envenenando o espírito dos agentes, essa reação aumenta sua incapacidade de entender e de enfrentar as mudanças, predispondo-os para a desconfiança, a insegurança e o temor pânico de perder o controle das inovações. Doutro lado, ela fornece a base psicossocial de atitudes e comportamentos especificamente antissociais, como o solapamento sistemático de empreendimentos de significação nacional e a resistência sociopática à mudança. No nível de círculos sociais que poderiam ser descritos como inovadores por causa de sua propensão em aceitar e em defender "reformas estruturais", a mesma situação fomenta o apego emocional a decisões ou técnicas de caráter racional. Essa reação acaba consentindo que reivindicações neutras pareçam opções ideológicas. E incentiva uma superestimação fatal dos meios, dos fins ou dos fins e dos meios, predominantemente avaliados fora e acima da capacidade de absorção potencial do ambiente brasileiro. Nesse caso, transforma-se num veneno sutil, que leva as pressões conservantistas a afetar a própria estrutura do pensamento inovador. Além disso, é preciso considerar-se que o clima humano em que vive o agente inovador, em semelhante situação, é em si mesmo muito destrutivo. Submetido a pressões contraditórias persistentes, condenado a sentir-se isolado e incompreendido, impotente para resguardar as inovações do solapamento sistemático, da resistência organizada ou dos simples imprevistos, aquele agente vê-se na contingência de aceitar atitudes e comportamentos variavelmente irracionais. O que interessa ressaltar, nesses dois tipos de reação, é a circularidade dos efeitos irracionais. Eles se encadeiam, a partir da qualidade, da intensidade e da continuidade das pressões conservantistas, e se propagam através de uma espécie de multiplicador de erros, até atingirem a medula da atuação inovadora.

O terceiro aspecto é específico. Mas ele se refere a algo que precisa ser pelo menos mencionado. Trata-se do modelo pelo qual a situação histórico-social descrita se reflete na organização, no rendimento e no desenvolvimento das instituições. O fluxo da mudança social só se torna estrutural e dinamicamente significativo quando ele se exprime através de novações que podem ser absorvidas, difundidas e conservadas institucionalmente. Para que isso ocorra, não obstante, é preciso que exista um mínimo de correlação positiva entre o crescimento das instituições e as tendências de mudança social imperantes na sociedade global. Ora, essa correlação não é (nem poderia ser) automática. Ela se produz, ou não, em função das impulsões e das disposições que animam o comportamento social inteligente. Se os homens não têm condições para tomarem consciência clara e em escala coletiva das relações que devem existir entre técnicas, valores e objetivos sociais em suas situações de vida, o caminho para correlacioná-los institucionalmente fica mais ou menos bloqueado. O processo de inovação se esvazia, deixando de ter sentido moral e significado histórico. Nada pode opor-se ou impedir a estagnação, mesmo que ela contrarie interesses coletivos ou valores ideais. Essa dura realidade não se abate sobre o Brasil de forma extrema. Em vários níveis, mas principalmente no das relações econômicas, o crescimento institucional reflete avanços reais e potenciais no controle racional das forças do ambiente. Contudo, de maneira geral, a mencionada correlação entre técnicas, valores e objetivos sociais, em função das exigências da situação de vida, não se organiza como processo social. Os influxos negativos, diretos ou indiretos, das pressões conservantistas destroem ou obstruem o patamar inicial, que é o ego-envolvimento do querer humano na existência e no destino das instituições.

A última pergunta levanta, pois, o problema capital. Mudança social de caráter estrutural e controle do poder por círculos sociais conservadores são entidades que se excluem. O simples fato de uma sociedade comportar indefinidamente essa combinação já é, em si mesmo, um índice relevante de que a mudança estrutural conta com limitada viabilidade. Doutro lado, se tal combinação coincide com o uso indiscriminado do poder por aqueles círculos, então eles adquirem uma posição excepcional para agirem na defesa de interesses particularistas e, se necessário, para lutar contra a mudança. O elemento político se equaciona, para tais círculos, em termos simples: o uso do poder para conseguir o máximo de estabilidade social. Se isso for possível, o uso do poder segundo alternativas que redundem no controle dos fatores da mudança social, na monopolização dos seus proventos de significação política e na contenção de suas tendências à aceleração. A lógica desse comportamento é bem conhecida. O pensamento conservador não poderia proceder de outro modo, sem destruir-se. Para que as coisas tomem o rumo inverso, impõe-se que outros círculos sociais possam escolher entre diluir o presente no passado ou criar a sua própria história.

3. REQUISITOS DINÂMICOS DA INTEGRAÇÃO NACIONAL

A discussão anterior se concentrou em aspectos da realidade que evidenciam como emergem e como operam certas influências conservadoras, que não foram absorvidas ou eliminadas pela mudança social e que, por isso, interferem negativamente em fases essenciais desse processo. Dessa perspectiva, duas constatações são inevitáveis, independentemente de qualquer resíduo de pessimismo. A primeira consiste em que a expansão do regime de classes e da ordem social competitiva correspondente ainda não atingiu proporções que imponham a transferência das posições de liderança e de dominação para círculos sociais mais identificados com as influências inovadoras. A segunda consiste em que, por suas origens, objetivos e natureza, as influências conservantistas se manifestam através de polarizações puramente particularistas, como se uma posição estratégica de dominação fosse mais importante que os interesses coletivos das outras classes ou da Nação como um todo. Portanto, em vez de ganhar ímpeto, a mudança social desemboca num ponto morto de desequilíbrio, que a converte, intrinsecamente, num dilema social.

É difícil apanhar o modo pelo qual esse dilema cai na esfera de consciência social e de atuação inteligente dos grupos mais ou menos identificados com os efeitos previsíveis da aceleração da mudança social. Esses grupos não são elimináveis e tendem a crescer continuamente, como consequência da própria dinâmica dos interesses sociais e das relações de classes numa sociedade competitiva. Doutro lado, qualquer que seja o grau de irracionalidade inerente a seus ajustamentos à presente situação histórico-social, esses grupos não veem a mudança social como um mal em si, uma fonte de perturbações ou um desastre social. Ao contrário, encaram-na como algo desejável e necessário, distinguindo suas manifestações concretas de suas potencialidades inexploradas. Por isso, valorizam-na positivamente e se opõem à situação dos círculos sociais conservadores a que ainda não podem, não obstante, enfrentar e bater no terreno prático. Todavia, dados dessa espécie não são relevantes para uma sondagem que pretenda estabelecer como poderão surgir e em que sentido irão operar certas tendências irredutíveis de mudança social. Para focalizar essas tendências foram escolhidos, por essa razão, fenômenos que ocorrem no nível da integração nacional da sociedade brasileira. Duas questões, apenas, serão debatidas. Uma, que diz respeito ao que significa integração nacional como um conjunto de exigências sociodinâmicas da sociedade brasileira. Outra, que se refere ao que implica a integração nacional como fator insufocável de mudanças estruturais de longo alcance. As duas questões erguem o problema mais geral das alternativas que se abrem, historicamente, à presente atuação dos círculos conservadores.

Em todos os países em que se realizou ou está se realizando, a integração nacional constitui um processo de revolução social. O Brasil não representa uma exceção à regra. Quando muito, pode-se dizer que ele a encarna de forma peculiar e (em confronto com outros países como a França, a Inglaterra ou os Estados Unidos) de modo discrepante. Ora, isso tem sido percebido, mas em termos mais ou menos estreitos. A natureza e a duração do processo, principalmente, sofrem uma compreensão deformada. Ele é visto, com frequência, como se fosse um *processo de circuito fechado*, que se iniciaria e terminaria em função da concretização histórica de certos ideais de independência e de organização do poder político em escala nacional. No período de tempo, assim delimitado, estaria concluído o "ciclo de integração nacional".

No entanto, malgrado o que se tem escrito sobre o assunto, se existe um "ciclo de integração nacional", ele está muito longe de seu termo histórico. Encarada sociologicamente, integração nacional significa, acima de tudo, que uma sociedade é capaz de realizar, como e enquanto nação, o padrão de equilíbrio estrutural e dinâmico inerente a dada ordem social. Sob essa perspectiva, o Brasil já experimentou não um, mas dois "ciclos" de integração nacional. Um, que vai da Proclamação da Independência e da implantação do Estado nacional até a desagregação final da ordem social escravocrata e senhorial (do início aos fins do século XIX, aproximadamente). Outro, que começa com a Proclamação da República e se acha em pleno desenvolvimento (do fim do século XIX em diante). No primeiro ciclo, a concentração da renda, do prestígio social e do poder em termos estamentais e de castas reduzia o número e o volume dos estratos sociais que poderiam participar, diretamente, daquela ordem social. Por eufemismo, a noção de "povo" era aplicada a esses estratos. Ao *povo*, assim entendido, cabia encarnar a vontade da Nação e colocá-la em prática. A plebe, os libertos, os escravos e os segmentos marginais ou dependentes da população estavam, naturalmente, excluídos desse conceito e da qualificação resultante, que incorporava os indivíduos ou os grupos sociais à existência da Nação. No segundo ciclo, a universalização dos direitos fundamentais do cidadão aboliu, legalmente, as fronteiras jurídico-políticas entre os estratos sociais. Contudo, as formas preexistentes de concentração social da renda, do prestígio social e do poder permanecem intactas. Em consequência, este ciclo vai caracterizar-se pela contradição fundamental entre o princípio de organização política da sociedade nacional e as formas de dominação utilizadas socialmente. A Nação devia compreender, teoricamente, todos os estratos sociais em condições de se classificarem na ordem social competitiva. Na realidade, porém, ocorriam duas exceções. Nem todos os estratos sociais conseguiam meios para ter acesso à ordem social competitiva. Nem todos os estratos incorporados à ordem social competitiva possuíam meios para desempenhar, normalmente, os papéis políticos que os integrariam à sociedade nacional. Para que o conceito de *povo* pudesse ser redefinido socialmente, adaptando-se como categoria histórica às implicações jurídico-políticas da universalização dos direitos fundamentais dos cidadãos, impunham-se três condições prévias: 1) inserir todos esses elementos na ordem social competitiva; 2) eliminar ou corrigir as fontes sociais da neutralização dos papéis políticos no funcionamento dessa ordem social; 3) aumentar a eficácia-limite dos processos que garantem a continuidade dessa mesma ordem social.

Esse segundo ciclo é que interessa, de perto, à presente discussão. Parece evidente que ele preenche as funções de uma fase de transição e que se esgotará, historicamente, a partir do momento em que a sociedade brasileira possua condições para superar a contradição entre seu princípio de organização política e as formas de dominação tradicionalista predominantes. Vendo-se as coisas deste ângulo, integração nacional significa, em toda a fase considerada, formação de requisitos para a instauração e o desenvolvimento da democracia no Brasil. Para se perceber o alcance dessa afirmação, é preciso atentar-se para o que a integração nacional representa em dois níveis distintos. De maneira imediata, ela responde à necessidade de adaptar-se à sociedade brasileira, em escala nacional, à estrutura e ao funcionamento da ordem social competitiva. Nesse nível, ela depende de certos requisitos, que põem em xeque a contradição apontada. A longo prazo, à medida que a integração nacional se ajusta aos imperativos estruturais e dinâmicos da ordem social e competitiva, ela dá origem às condições que permitem e regulam a substituição das formas de dominação tradicionalista por técnicas democráticas de organização do poder (inclusive, do poder político). Por aí se vê não só por que a integração nacional contém um sentido revolucionário. Descobre-se, também, por que ela é tão temida e combatida, na expressão que iria assumir historicamente no segundo ciclo, pelos grupos sociais empenhados na defesa das formas de dominação tradicionalista. Para resguardar tais formas de dominação, aqueles círculos precisariam empenhar-se em manter a integração nacional no nível do primeiro ciclo.

Assim compreendida, a integração nacional implica duas coisas distintas, embora interdependentes. Primeiro, ela estimula e orienta a mobilização societária dos fatores psicossociais, socioeconômicos ou socioculturais que são necessários, estrutural e dinamicamente, para o funcionamento e o desenvolvimento integrados da ordem social competitiva. Essa mobilização é, em si mesma, um processo muito complicado e difícil. Dadas as desigualdades regionais, o impacto deformador da antiga estrutura social na formação do regime de classes e a resistência que as elites tradicionais oferecem ao desnivelamento acarretado pela eliminação progressiva de seus privilégios sociais, só as comunidades e as regiões de maior vitalidade socioeconômica conseguem organizar o processo espontaneamente. Segundo, a integração nacional coordena a expansão e a universalização da ordem social competitiva. Esse processo é ainda mais complicado e difícil que o primeiro. As comunidades e as regiões que não logram certas condições mínimas de crescimento econômico e de desenvolvimento social ficam mais ou menos entregues a estilos de vida que preservam, indefinidamente, formas arcaicas de organização social. Portanto, veem-se condenadas a permanecer à margem dos processos de integração nacional no nível em que eles se estão realizando. Por isso, tanto a mobilização de fatores essenciais à continuidade da ordem social competitiva quanto a universalização desse padrão de integração social exigem tipos de intervenção racional que sejam fortemente sensíveis a interesses coletivos vitais e independentes das pressões particularistas. Tais tipos de intervenção racional esbarram em dificuldades tenazes, e somente o Estado tem conseguido empregá-las com relativa amplitude e alguma eficácia.

Não é possível debater aqui todos os problemas que semelhantes implicações colocam à análise sociológica. Para completar o esboço apresentado, foram escolhidos três aspectos da situação geral, que merecem maior atenção. Esses aspectos referem-se aos efeitos equiparadores da integração nacional; à importância da integração nacional para o aparecimento e o aperfeiçoamento de novas formas de institucionalização do poder; e às alternativas que poderiam associar-se ao malogro da ordem social competitiva como meio de integração nacional.

Quanto à primeira questão, é sabido que o regime republicano, desde sua implantação até o presente, não encontra bases reais de funcionamento integrado. Os padrões predominantes de concentração social, regional e racial da renda, do prestígio social e do poder eliminam qualquer possibilidade de eficácia na organização e no rendimento do regime republicano. Na verdade, não é só o princípio formal da "igualdade perante a lei" que está em jogo. Normalmente, as garantias reconhecidas legalmente não possuem suporte social adequado. Categorias sociais inteiras são privadas, parcial ou totalmente, dos efeitos dos seus papéis jurídicos-políticos, porque ocupam posições sociais que não asseguram viabilidade prática àqueles papéis. A alteração dessa situação anômala depende de transformações da própria estrutura social. Por conseguinte, nesse nível a integração nacional aparece como um processo que tende a equiparar as probabilidades de participação da ordem legal e política entre indivíduos pertencentes a estratos sociais distintos. Num sentido, ela produz a democratização dos papéis políticos e das garantias sociais correspondentes; em outro, ela provoca circulação das elites no poder. À medida que ela progride, formam-se e consolidam-se as condições sociais de vida política que poderão dar viabilidade aos padrões democráticos de organização do poder e ao funcionamento normal do Estado republicano.

Quanto à segunda questão, é óbvio que o Estado republicano só poderia funcionar e crescer normalmente se se tornasse o ponto de convergência e de equilíbrio dos interesses sociais comuns das diferentes classes. Essa condição requeria, basicamente, todo um complexo de instituições políticas suscetível de captar, dirigir e aproveitar os ânimos patrióticos do cidadão comum. No entanto, o Estado republicano não contou com esse patamar. Ele herdou uma situação que restringia o alcance da institucionalização do poder aos estratos sociais dominantes e, o que é pior, nunca dispôs de meios para incluir dentro dessa esfera os demais estratos sociais. Ficou praticamente cativo de grupos que não se empenhavam ou se empenhavam sem entusiasmo pela chamada "normalização do regime", a qual exigia que o povo se transformasse, como categoria inclusiva, em participante responsável, consciente e ativo dos processos políticos. O povo se manteve como uma categoria apática ou como uma massa passiva e inexperiente, mais ou menos divorciada da elaboração daqueles processos. Para alterar essa situação, impunha-se envolver as massas, institucionalmente, nos mecanismos de organização e de funcionamento do poder político e, ao mesmo tempo, libertá-las da submissão aos interesses particularistas. Portanto, nesse nível a integração nacional surge como um processo que tende a universalizar certos ajustamentos políticos, de importância capital para a existência e a sobrevivência de uma comunidade nacional democrática. De um lado, ela incentiva e organiza a participação do cidadão comum em todas ou em quaisquer das fases do processo político. De outro, procura assegurar a normalidade desse mesmo processo, mediante formas abertas de institucionalização do poder político. O pouco êxito alcançado nesta direção explica as crises sucessivas que pontilham a agitada evolução de Estado republicano, de 1889, ao golpe militar de 1964.

Quanto à terceira questão, está fora de dúvida que muitas respostas seriam possíveis. As evidências dessa discussão sugerem, porém, que, apesar de suas debilidades, a ordem social competitiva atingiu um grau de diferenciação que não comporta o retorno puro e simples ao *status quo ante*. As debilidades que ela apresenta são de natureza *estrutural-funcional*. Afetam o seu padrão de integração e de desenvolvimento. Contudo, os fatores que tendem a corrigir tais debilidades também são de tipo estrutural-funcional. Em suma, elas não só estão sendo corrigidas, elas continuarão a ser corrigidas no futuro, talvez com aceleração crescente. Essa necessidade responde a forças profundas, que afetam a existência e o desenvolvimento de uma sociedade nacional. Em vista disso, um malogro da ordem social competitiva poderia conduzir à estagnação e, em consequência, à persistência indefinida de um subcapitalismo, de uma pré-democracia e de uma infranação. Essa não parece ser, todavia, a alternativa mais provável. O malogro levaria ao abandono da ordem social competitiva, mas a integração nacional continuaria por outros meios. Algumas das formas de socialismo, exploradas com êxito por outros *povos subdesenvolvidos*, converteria a ordem social planificada na alternativa historicamente viável. Nesse caso, os impasses que pairam sobre a integração nacional seriam enfrentados através de outras técnicas sociais.

Nesta parte da discussão já são evidentes a natureza e o sentido das influências que dão continuidade, generalizam e tendem a intensificar as manifestações da mudança social. Como aconteceu com outros países, o Brasil precisa atingir um mínimo de integração interna que lhe assegure condições para se organizar e sobreviver como *sociedade nacional* autônoma. Desse ângulo, tanto o ponto morto de desequilíbrio, que ameaça sua capacidade de coexistência e de desenvolvimento, quanto a irracionalidade do comportamento conservador, que põe em risco o destino da ordem social competitiva, constituem obstáculos que serão previsivelmente superados. Na medida em que realiza historicamente as condições econômicas, sociais e políticas para se organizar como sociedade nacional, o Brasil avança em duas direções. Primeiro, no controle dos fatores adverso à mudança. Segundo, na absorção progressiva de padrões de organização social nuclearmente mais adaptados ao tipo de mudança requerido por uma sociedade aberta.

CRESCIMENTO ECONÔMICO E INSTABILIDADE POLÍTICA NO BRASIL

1. INTRODUÇÃO

O tema geral deste simpósio é "Crescimento e mudança no Brasil depois de 1930". No entanto, seus organizadores indicam que se deve discutir "a interação entre crescimento econômico e instabilidade política nesse período". Em vista disso, a presente contribuição concentra-se no tema específico, em si mesmo bastante complexo para um trabalho de síntese.

Crescimento econômico e instabilidade política parecem ser, de fato, os traços essenciais da vida no Brasil nos últimos cinquenta anos. Aparentemente, o país atingiu o apogeu para o "arranco econômico"; o que forneceria a chave para explicar as "convulsões políticas" que eclodiram durante esse período. Estatísticas que não vamos transcrever aqui evidenciam pelo menos três transformações econômicas substanciais: 1) produtos previamente destinados à exportação, como o açúcar, encontram escoamento predominante no mercado interno; 2) a pauta das importações assumiu uma configuração nova, revelando que o crescimento econômico se fez, durante os últimos anos, com base na substituição das importações e na expansão do parque industrial interno; 3) a indústria está sofrendo, há mais de duas décadas, modificações estruturais, com o aparecimento e a vitalização progressiva de uma indústria pesada. Ao mesmo tempo, de 1930 a 1964, o país experimentou convulsões políticas altamente dramáticas, entre as quais se poderiam destacar: uma revolução de âmbito nacional (1930); a rebelião paulista de 1932; a implantação de uma ditadura, que reorientou a organização e as polarizações do poder na sociedade brasileira (1937); e, subsequentemente, a renovação da democracia liberal, o suicídio de um presidente eleito, a renúncia de outro, uma experiência parlamentarista efêmera e extemporânea, condenada pela consulta eleitoral, uma conspiração civil com apoio militar que redundou num golpe de Estado contrarrevolucionário, na destituição do governante legal e na implantação de um regime militar autoritário (1964). Em suma, através de conspirações e composições sucessivas, o poder civil se debilitou, as instituições políticas se desgastaram completamente e os militares assumiram o controle do poder, em nome da "consolidação do regime" e da "defesa da democracia"!

É evidente que as duas séries de processos e eventos são interdependentes. Mas seria demasiado simplista explicar a instabilidade política como decorrência das condições ou efeitos do crescimento econômico; como também seria incorreto atribuir às "crises políticas" e ao seu agravamento progressivo as inconsistências e debilidades do crescimento econômico. Cumpre evitar, na análise desse fenômeno e de suas conexões histórico-sociais, tanto as deformações que nascem de um economismo fácil quanto as distorções que resultam do conhecimento de senso comum. Tem-se acentuado a tendência, por parte dos intérpretes da situação brasileira, a dar importância crescente às categorias do pensamento econômico e aos fatores econômicos. Aos poucos, o quadro histórico-social geral deixou de ser o sistema de referência das análises, e os fatores histórico-sociais passaram a segundo plano. Em consequência, as explicações descobertas tendem a perder de vista o essencial: as determinações mais amplas e centrais a longo termo, que estruturam e dinamizam as relações entre a Economia e a Política. Doutro lado, o conhecimento de senso comum propende para avaliações de cunho ideológico, que gravitam em torno dos interesses típicos dos setores empresariais, rurais e urbanos. Por essa razão, provavelmente, converte a estabilidade política numa espécie de *vaca sagrada*, que deve ser alimentada e mantida a todo preço, mesmo à custa da ruptura da legalidade. Por motivos e vias diferentes, portanto, as duas perspectivas empobrecem e deformam as perspectivas de análise, viciando a visão da importância do elemento político nos complexos e contraditórios processos de modernização em curso.

Na medida do possível, procuramos cingir a presente discussão a argumentos especificamente sociológicos. Admitimos que os economistas profissionais não são responsáveis pela proliferação do economismo que vem avassalando as Ciências Sociais na América Latina. Outrossim, supomos que eles tenham interesse em conhecer a contribuição do sociólogo, em questões que não podem ser devidamente compreendidas senão através dos recursos analíticos da Sociologia. Quanto ao impacto do conhecimento de senso comum, parece claro que evitá-lo e neutralizá-lo constitui um imperativo da própria objetividade científica. Neste ponto, o sociólogo divorcia-se do homem de ação, não porque a prática seja incompatível com a ciência, mas porque esta não pode nem deve converter-se em meio de propaganda ou de dominação políticas.

2. INTENSIDADE E LIMITAÇÕES DO CRESCIMENTO ECONÔMICO

A questão fundamental, para o sociólogo, não está nas expressões quantitativas assumidas pelo crescimento econômico em dado período de tempo. Mas determinar se elas correspondem, estrutural e dinamicamente, ao padrão de integração econômica da civilização vigente. Sob esse aspecto, dois temas se impõem à consideração: 1o) as peculiaridades e consequências da forma de incorporação da grande lavoura exportadora ao capitalismo comercial; 2o) fatores e efeitos da neutralização, retardamento ou extrema descontinuidade das funções construtivas da "revolução burguesa" no plano econômico.

Quanto ao primeiro tema, o que importa ressaltar aqui diz respeito à herança econômica deixada pela grande lavoura exportadora, que deu origem ao chamado "complexo econômico colonial".[1] Este se formou sob a égide do capitalismo comercial. Por isso, inse-

1. Essa expressão, cunhada como um conceito heurístico, encontra uso corrente entre vários especialistas em história econômica do Brasil. Ela compreende a grande exportadora em termos estruturais, através de conexões que se formaram no período colonial, mas persistem até hoje.

ria a economia brasileira, no nível das relações com o mercado internacional, no circuito das formas mercantis capitalistas. Todavia, ele exprimia: uma rígida especialização econômica (produção em escala de produtos primários exportáveis); associação do latifúndio ao trabalho escravo ou ao trabalho livre com remuneração ínfima; extrema concentração da renda; limitação residual do mercado interno, dominado pela comercialização restrita de produtos importados e pela circulação interna mais ou menos inexpressiva de produtos de subsistência; o controle exterior do fluxo das atividades econômicas e da riqueza.[2] Com o advento da Independência, a implantação do trabalho livre e as consequências produzidas pela exploração do café, esse quadro sofreu alguns retoques. A Independência tornou imperiosa a organização de um Estado nacional e isso se refletiu no crescimento econômico, graças às medidas que aumentaram em número e eficácia os meios de comunicação,

2. Esse controle se manifestava diretamente através do financiamento da produção e de outros mecanismos. Mas ele também envolvia certas manipulações por meio das quais agências econômicas do exterior controlavam a produção, o mercado internacional e a comercialização dos produtos (difusão das técnicas de produção de determinados produtos e seu cultivo em várias áreas do globo, para garantir aumento contínuo da produção, oferta alta, preços baixos etc.; estímulo à superprodução desses produtos e interferências drásticas na manipulação de preços, mecanismos financeiros etc.; colocando os fornecedores à mercê dos importadores; absorção dos mecanismos institucionais de comercialização dos produtos primários nos centros importadores etc.). No conjunto, fossem colônias propriamente ditas ou Estados nacionais, os países especializados na exportação de produtos primários não possuíam soberania de fato e nenhuma autonomia em suas relações econômicas com o mercado internacional.

de transportes, dos serviços administrativos etc., redundando em intensificação da comercialização interna dos produtos de subsistência e no fortalecimento de certas tendências de especialização econômica inter-regional. O trabalho livre contribuiu para liberar grandes parcelas de capital fixo e fez pressão nas formas preexistentes de redistribuição da renda, acelerando, principalmente nos núcleos urbanos, a diferenciação e a expansão do mercado interno. O café, por sua vez, forçou a internalização de alguns mecanismos de financiamento da produção, de estocagem e comercialização das safras etc. Daí resultou que várias fases das atividades mercantis, antes desenroladas no exterior, sofressem alguma institucionalização interna. Como esse processo coincidia com o desenvolvimento do Estado nacional e, a partir de certo momento, com a universalização do trabalho livre, ele provocou um forte impacto na emergência e diferenciação de papéis econômicos, em particular no seio das comunidades urbanas que se vinculavam às áreas de expansão do café, tanto as que dependiam dos centros agrícolas quanto as que acabaram absorvendo as funções dominantes nos "negócios do café" ou na sua exportação. Apesar de tudo, o padrão de crescimento econômico daí resultante não ultrapassava — nem podia ultrapassar — as fronteiras dependentes e estreitamente confinadas de uma "economia colonial".

Quanto ao segundo tema, não seria difícil imaginar-se que a "revolução burguesa" teria de operar-se, nas condições da economia brasileira do último quartel do século XIX e do começo deste século, segundo estímulos pouco propícios. Não obstante, graças aos efeitos econômicos da implantação de um Estado nacional, à universalização do trabalho livre e aos excedentes acumulados através da exportação do café, esse processo histórico ganhou pontos de apoio suficientes para adquirir aceleração crescente e um sentido irreversível, pelo menos nas cidades que se encravavam em regiões agrícolas prósperas ou possuíam condições para se converterem em centros econômicos dominantes. Na verdade, o fulcro da "revolução burguesa" repousou nas consequências provocadas pelas ramificações econômicas, institucionais e tecnológicas do Estado nacional, dos "negócios do café" e do trabalho livre, associado inicialmente à imigração. É difícil discernir, com os conhecimentos atuais, os principais fatores dessa revolução. No entanto, parece fora de dúvida que o "fazendeiro de café" desempenhou, na fase inicial, os papéis centrais e decisivos. Em virtude da estrutura da grande empresa agrícola, ela produzia grandes lucros, mas possuía pouca capacidade para reabsorver o capital excedente. Aos poucos, um número cada vez maior de fazendeiros envolveu-se em outros ramos ocasionais ou permanentes de atividades econômicas. No começo, isso se deu ao velho estilo: os fazendeiros associavam-se aos aspectos financeiros dos "negócios do café", participando deles na qualidade de especuladores, de sócios comanditários etc.; depois, esses fazendeiros se engolfaram na teia de oportunidades econômicas abertas pela urbanização e pelas tendências de especialização econômica inter-regional: de *capitalistas* (emprestadores de dinheiro a juros, sob diversas formas), converteram-se rapidamente em financiadores dos empreendimentos mais prósperos (casas comerciais, agências bancárias, rede de transportes, exploração de energia elétrica, especulações imobiliárias etc.) e em empresários em outros setores econômicos (principalmente no campo do "grande comércio" e na esfera bancária, mas também na área da indústria). Em consequência, nesse período sua posição social se caracteriza pelo engurgitamento dos papéis econômicos (a absorção de novos papéis não conduzia à eliminação dos anteriores, pois o fazendeiro morava na cidade e delegava a outro agente a administração das fazendas) e sua influência econômica decisiva se fez sentir na formação e no fortalecimento de um mercado interno com polarizações autonômicas. No conjunto, o fazendeiro começou absorvendo algumas das funções do capital financeiro internacional com ênfase nos "negócios do café"; mas terminou preenchendo papéis econômicos novos, surgidos com a expansão urbana e com a alteração incipiente do próprio estilo de vida econômica, os quais não podiam ser preenchidos e saturados socialmente por outros agentes humanos. O imigrante, por sua vez, atuou segundo linhas relativamente distintas, de acordo com as perspectivas de especialização que se abriam nas áreas de imigração (a esse respeito, a coincidência entre expansão do café e crescimento urbano abria em São Paulo possibilidades bem diversas das que eram garantidas pela colonização associada à pequena propriedade em Santa Catarina ou no Rio Grande do Sul, por exemplo). Como constante, porém, deve-se considerar certas disposições universais para a acumulação capitalista e as técnicas adaptativas para lograr esse objetivo: o uso da cooperação familiar, a poupança sistemática, o domínio e a exploração sagaz de técnicas econômicas e sociais mal conhecidas ou ignoradas no meio tradicionalista brasileiro, a predisposição para romper o bloqueio do horizonte cultural tradicionalista; e, ainda, as possibilidades de aproveitamento dos êxitos obtidos graças à combinação, em espiral, da mobilidade ocupacional e espacial, do enriquecimento e da ascensão social. Por isso, enquanto o fazendeiro monopolizava as oportunidades novas que surgiam no ápice das atividades socioeconômicas, o imigrante aproveitava o ponto de partida possível, mas com o propósito de também atingir o ápice. Nesse processo, ele foi favorecido por duas circunstâncias: o aparecimento de atividades intermediárias pouco valorizadas socialmente, que se iriam revelar, com a continuidade do desenvolvimento urbano e da expansão do mercado interno, altamente compensadoras; a acomodação à dominação política das elites tradicionais nativas. Como se projetou no próprio âmago das transformações da economia e da sociedade, o imigrante terminou por se converter, como operário ou como empresário, no agente humano por excelência das inovações que iriam dar em novo estilo de vida social e econômica, no qual o capitalismo industrial reponta como a nova força aglutinadora do crescimento econômico do Brasil. Ao lado desses dois agentes, o fazendeiro e o imigrante, que foram a seu modo os "heróis" indiscutíveis da primeira fase da "revolução burguesa", seria preciso situar outras influências. Entre elas, cumpre ressaltar, por sua magnitude, a nova tendência que iria assumir, com a Independência, a exploração do café e o desenvolvimento urbano, a infiltração do capital financeiro internacional. O alargamento das oportunidades iria atrair, também, o interesse desse capital; todavia, para atingir seus objetivos, ele teve de se internalizar. O próprio processo de absorção de instituições econômicas inexistentes (especialmente na esfera do capital financeiro, mas também na de serviços) se inaugura sob a égide e a participação direta dos agentes ou representantes desse capital. Isso não só deu origem a unidades empresariais completas de estilo novo. Compreendia um alargamento significativo da especialização de papéis e funções de natureza econômica e, o que parece mais importante, transferia para dentro do país tais instituições, o que redundava, a longo termo, na ampliação da área de autonomia segundo a qual se iriam organizar as atividades econômicas daí em diante. Por essa razão, tal influência precisa ser posta em relevo. Ela marca uma nova etapa nas relações com o capital estrangeiro e assinala o advento de uma nova era, na qual aquele capital se transformaria numa força socioeconômica internalizada, atendendo a seus interesses especulativos através de atividades organizadas internamente e destinadas a satisfazer necessidades de consumo internas. Assim, em pouco mais de meio século (aproximadamente entre 1875 e 1930), essas três influências marcantes dão corpo e concluem a primeira fase da "revolução burguesa". A fase mais difícil, heterogênea e incerta, diga-se de passagem, mas que lançou as bases para o ciclo posterior, no qual o industrialismo confere ao "arranque econômico" um sentido histórico e econômico bem definido.

Apesar dessa comunicação referir-se ao período histórico ulterior (de 1930 em diante), essa primeira fase é que possui importância crucial para a análise. Não se pode nem se deve subestimar o que aconteceu em seguida. É indiscutível, porém, que o Brasil continua a enfrentar as dificuldades decorrentes do padrão de crescimento econômico associado a essa fase inicial da "revolução burguesa" brasileira. De um lado, a grande empresa agropecuária continuou a desempenhar as funções de única fonte expressiva de captação de excedentes econômicos do exterior e de acumulação de riqueza. Isso significou três coisas distintas. Primeiro, a persistência do chamado "complexo econômico colonial" em quase três quartas partes da economia rural brasileira. O que quer dizer que se manteve, no essencial, com pequenas modificações superficiais, o quadro de extrema concentração social da renda, com tudo o que ele representa em termos do confinamento do mercado interno, do "desemprego disfarçado", de miséria, subnutrição e ignorância para o trabalhador agrícola etc. Segundo, como decorrência dessa situação predominante na economia rural, a permanência indefinida das condições e fatores socioeconômicos que dificultam a expansão e a integração nacional do mercado interno. Onde prevalece o "complexo econômico colonial", a diferenciação das atividades produtivas, de comercialização e de distribuição atrofiam-se incontrolavelmente, engendrando uma espécie de desenvolvimento econômico de tipo "ganglionar", que restringe o *progresso* às regiões e aos círculos sociais que se beneficiam da concentração social da renda ou do crescimento econômico urbano. Terceiro, a sobrevivência dessa quase especialização econômica contribui para manter o estado de heteronomia ou de dependência socioeconômica em relação ao exterior, numa área sobremaneira desvantajosa do mercado internacional e que torna a economia tão vulnerável. Aqui convém lembrar não só o que ocorre em virtude da persistente deterioração dos termos de troca, como a constante perda do terreno conquistado nessa delicada esfera dos "centros de decisão econômica". As pequenas vantagens obtidas na primeira fase da "revolução burguesa" esboroaram ou foram terrivelmente comprometidas, em grande parte porque a economia agrícola do país não suportou o grau de autonomia socioeconômica requerido por uma economia capitalista integrada. De outro lado, por causa dessas mesmas condições inexoráveis, a industrialização e as tendências de integração nacional da economia não lograram suficiente vitalidade para atuar, profunda e consistentemente, como fonte de correção dos desequilíbrios econômicos. Ao contrário, elas próprias acabaram vitimadas por esses desequilíbrios, que desfiguraram e solaparam, de uma maneira ou de outra, ambos os processos, anulando ou restringindo, assim, seus efeitos construtivos a curto e a longo prazo. Além disso, no meio de influências tão contraditórias, nem a iniciativa privada nem o Estado conseguiram evoluir para uma política econômica coerente e firme, perdendo-se num imediatismo oportunista, vantajoso em termos de conjuntura, mas estéril ou contraproducente com referência ao futuro.

Esse quadro, que não foi exagerado em nenhum ponto, revela os contornos e a qualidade da "revolução burguesa" nos países economicamente subdesenvolvidos e dependentes. Apesar de assimilarem os padrões de organização econômica dos países dominantes da mesma constelação civilizatória, eles não possuem condições socioeconômicas para desencadear um fluxo de riquezas suscetível de saturar e de conferir realidade histórica plena àqueles padrões de organização econômica. Sob esse aspecto, pode-se falar num estilo de "revolução burguesa" típico dos países de economia capitalista subdesenvolvida. No caso brasileiro tal coisa parece evidente e demonstra o caráter descontínuo, extremamente lento e desigual com que essa revolução se desenrola no tempo ou se propaga no espaço.

Para completar esta discussão, seria necessário indagar se a segunda fase da "revolução burguesa", em curso desde a crise de 1929 e acelerada pelas duas grandes guerras, conseguiu introduzir correções substanciais nos desequilíbrios econômicos apontados. Nessa fase ocorreram dois eventos de magnitude. Primeiro, o advento do que se poderia chamar de "a segunda revolução industrial brasileira" e que, a rigor, vem a ser a formação de um "complexo econômico industrial" propriamente dito. Por meio de empreendimentos estatais, do capital estrangeiro e da iniciativa nacional, supera-se a fase da produção de bens de consumo e entra-se na fase da produção de bens de produção, ou seja, penetra-se verdadeiramente na era da civilização industrial e da economia de escala na produção industrial. Segundo, conclui-se o arcabouço de uma economia integrada nacionalmente. Não só se cria um sistema de comunicações e de transportes capaz de interligar as diferentes regiões econômicas do país. Como estas se articulam através do mercado interno, por meio de processos de circulação de riquezas que, malgrado suas acanhadas proporções, intensificam constantemente a troca de produtos primários e de produtos industriais entre as diferentes regiões. Apesar da significação positiva e do alcance dos dois eventos, eles exprimem apenas um progresso relativo. Várias razões explicam esse fato. Vamos lembrar somente as mais relevantes. Primeiro, a importância econômica da grande empresa agropecuária ainda é acentuada. Dados pertinentes aos nove Estados de maior renda interna em 1959 (São Paulo, Guanabara, Minas Gerais, Rio de Janeiro, Rio Grande do Sul, Paraná, Bahia, Pernambuco e Santa Catarina) mostram que a renda agrícola constituía 55,4% e a renda industrial entrava com 44,6% do total. Com exceção de São Paulo, Guanabara e Rio de Janeiro, nos demais estados a predominância da renda agrícola sobre a renda industrial era de 2, 2,5, 3 ou 6 para 1. Em face das características e dos efeitos socioeconômicos do "complexo econômico colonial", essas proporções falam por si mesmas. Sem uma *revolução agrícola* concomitante, qualquer "arranque" do setor industrial estará condenado a um malogro relativo, pois ele sempre será insuficiente para engendrar, sozinho, uma economia balanceada e nacionalmente integrada. Segundo, o polarizador do crescimento econômico recente, na esfera industrial, foi a substituição das importações. Ora, ela não só resultou de condições externas, a que teve de adaptar-se a economia brasileira, como possui um dinamismo próprio de pequeno alcance. Nas condições brasileiras, ela praticamente esgotou suas possibilidades em menos de quatro décadas. Terceiro, o impulso do ciclo da substituição das exportações procedeu da iniciativa privada, nacional e estrangeira. Os incentivos que a orientavam procediam de um conjunto de fatores, em que a margem de lucro se combinava às possibilidades internas de produção e de comercialização dos produtos indusriais. Em consequência, as áreas que encontraram preferência e prioridade, no processo de industrialização, não eram as mais vitais para corrigir distorções econômicas estruturais e seculares. Ao contrário, elas agravaram essas distorções, em virtude dos efeitos que exerceram sobre a concentração regional das indústrias (quase 65% da produção industrial, em valor do produto, concentravam-se no eixo São Paulo–Guanabara em 1958) e, por conseguinte, na concentração regional da renda. Acresce que a prosperidade associada à industrialização fomenta uma deformação invisível da mentalidade econômica média, suscitando uma euforia falsa sobre o "progresso econômico do país" e animando propensões pouco patrióticas (para dizer-se o menos) com referência ao consumo conspícuo, aos problemas sociais e econômicos das regiões ou das classes pobres etc. Doutro lado, as "substituições de importações" constituem, sob muitos aspectos, um processo de "substituições de empresas e de empresários". Em duas condições as organizações internacionais têm mostrado interesse pelo mercado interno brasileiro: a) quando ele se mostra vantajoso para a colocação de certos produtos; b) em virtude da própria competição delas entre si, no nível do mercado internacional. Nas duas hipóteses, a instalação dentro do país provoca a referida substituição, pouco sentida até agora por causa da multiplicidade de oportunidades que se abrem à atuação empresarial. Contudo, esse processo acarreta consequências limitativas, porque submete os chamados "centros de decisão" internos ao impacto da dominação daquelas organizações. Ao que parece, esse impacto pode ser diluído no plano econômico, sob condição de um crescimento econômico acelerado contínuo, extenso e intenso. A segunda alternativa de instalação dessas empresas no país revela que isso é possível e pode conduzir a industrialização em níveis, padrões ou ritmos que seriam prematuros a partir das possibilidades da iniciativa privada nacional. No entanto, o mesmo não sucede no plano político. Em contraste com o que sucedia em conexão com a grande lavoura exportadora, a perda de autonomia econômica para centros estrangeiros se processa a *partir de dentro*, ocorrendo de maneira sutil e por vezes invisível. As perspectivas de erigir-se e pôr em prática uma política econômica adequada à situação da economia e às funções construtivas a serem preenchidas dentro dela pela expansão da indústria de base volatilizam-se completamente, com prejuízos incompensáveis. Essas sumárias indicações são suficientes para atestar que a segunda fase da "revolução burguesa" não contribuiu, ainda, para alterar em profundidade e de modo homogêneo o padrão de crescimento econômico herdado da fase anterior.

Em vista disso, seria legítimo concluir que o padrão de crescimento econômico que regula atualmente a organização e a expansão das atividades econômicas no Brasil é típico de uma economia capitalista diferenciada, mas "periférica" e "dependente". No nível estrutural, ele é insuficiente para promover a integração balanceada, em escala nacional, da produção, da circulação e do consumo, nos moldes da civilização vigente (os quais pressupõem uma economia capitalista "avançada"). No nível dinâmico, ele é insuficiente para promover o desenvolvimento econômico autossustentado e autônomo, segundo os mesmos moldes. Como nasce e responde a uma relação de dependência crônica, no mercado internacional, o crescimento nesse nível antes concorre para manter a influência dos centros hegemônicos externos, que para provocar sua substituição pelos "centros de decisão" internos ou para criar o tipo de autonomia econômica requerido pela economia capitalista integrada ou pelo Estado nacional independente a que ela se associa. No nível do sistema sociocultural global, em que a economia se insere, é insuficiente para dar lastro econômico adequado à integração, ao funcionamento e ao desenvolvimento da ordem social, ainda levando-se em conta os moldes da civilização vigente.

A base dos raciocínios expostos não consiste em assimilar o padrão de crescimento econômico de economias capitalistas *avançadas* e *subdesenvolvidas*. Procurou-se, tão somente, pôr em evidência o caráter típico (e, nesse sentido, também a peculiaridade histórica) do padrão de crescimento econômico imperante no Brasil. Esse padrão corresponde, sem dúvida possível, aos requisitos econômicos básicos da civilização vigente. Mas opera, tanto quantitativa quanto qualitativamente, dentro dos limites em que essa civilização consegue vigência histórica no Brasil. Isso significa, em outros termos, que a ordem social reflete as debilidades que ela própria imprime ao padrão de crescimento econômico. Surge, assim, um ciclo vicioso quase perfeito. As condições extraeconômicas constrangem, debilitam ou deformam de várias maneiras os fluxos especificamente econômicos da produção e da circulação da riqueza. Por sua vez, o padrão de crescimento econômico, resultante dessa interação entre a economia, a sociedade e a cultura, não fornece à ordem social o substrato e os dinamismos econômicos necessários à absorção, à eliminação ou à superação de suas inconsistências e desequilíbrios puramente socioculturais. A economia cresce e se expande, sem contudo romper o ponto morto que a submerge dentro de uma cadeia de ferro, expressa em formas sociais obsoletas ou apenas parcialmente modernizadas, das quais provêm a neutralização ou a inibição dos efeitos construtivos do próprio crescimento econômico.

3. SIGNIFICADO E FUNÇÕES DA INSTABILIDADE POLÍTICA

A questão das relações entre o crescimento econômico e a instabilidade política no Brasil, principalmente depois de 1930 — fase mais avançada da "revolução burguesa" em curso — é demasiado complexa para ser enfrentada por meio de uma abordagem convencional. Na verdade, quaisquer que sejam as debilidades daquela revolução, ela constitui um fenômeno dinâmico. Só pode ser vista e discutida, portanto, de uma perspectiva suscetível de compreendê-la através de fatores e efeitos dinâmicos. Isso é o inverso do que se tem procurado fazer, com frequência, como se crescimento econômico e estabilidade política fossem parte de um sistema mecânico — o que engendra a ideia de que a estabilidade política seria uma "condição necessária" do crescimento econômico e este tivesse por fim supremo produzi-la e mantê-la, como uma espécie de estado natural da sociedade. Estamos longe de pensar assim, pois os fatos parecem indicar que essa maneira de ver as coisas nada mais é senão uma decorrência ideológica do pensamento conservador. Os que a defendem, ou querem manter o *status quo ante*, ou seja, identificam-se com a perpetuação indefinida do chamado "complexo econômico colonial", com todas as iniquidades econômicas, sociais e políticas que o caracterizam; ou querem resguardar as formas de acumulação capitalista inerentes ao atual "complexo econômico urbano-industrial", sob muitos aspectos antieconômicos e antissociais em termos dos interesses da Nação como um todo. Ao crescimento econômico não só devem corresponder crises e convulsões políticas mais ou menos violentas; como, se elas forem extirpadas sem a solução conveniente das tensões econômicas, sociais e políticas que lhe são latentes, o crescimento econômico não levará a nada no terreno político.

Nesta exposição serão considerados três aspectos essenciais do assunto: 1º) como surge, se estrutura e dinamiza a instabilidade política; 2º) porque o crescimento econômico pode-se converter em polarizador social de relações de conflito e, portanto, em fator indireto da instabilidade política; 3º) as funções construtivas da instabilidade política, inclusive para a aceleração e a normalização do crescimento econômico. A discussão visa evidenciar, em conjunto, até que ponto a instabilidade política independe do crescimento econômico (por envolver outros fatores genéticos determinantes). E, doutro lado, procura assinalar dentro de que limites ambos transcorrem como forças interdependentes, necessárias à reintegração da ordem social em níveis mais complexos de organização econômica, social e política.

Em termos puramente genéticos, a instabilidade política não é causada pelo crescimento econômico. Ela surge de desajustamentos estruturais crônicos, que lançam raízes na distribuição extremamente desigual da renda, mas que possuem origem social e natureza política. O crescimento econômico contribui para manter e agravar tais desajustamentos estruturais — mas não porque ele existe: porque ele se desenrola numa escala deficiente e insuficiente, quanto à sua intensidade, ao seu ritmo e ao seu padrão estrutural. É muito provável que, se se alterasse o padrão socioeconômico através do qual ele se tem manifestado historicamente, ele atuaria dinamicamente em sentido inverso, concorrendo para incentivar a absorção progressiva ou a superação daqueles desajustamentos. Essa questão é, não obstante, mais complicada do que parece. O crescimento econômico, em si e por si mesmo, não produz o controle ou a extinção de desajustamentos estruturais crônicos, fora e acima do nível econômico. Seus efeitos diretos ou indiretos, na esfera extraeconômica, dependem do contexto histórico-social em que ele se acha inserido e do valor social que adquire em função dos ideais de vida, de equidade e de solidariedade existentes socialmente nas relações dos homens entre si. No atual contexto da sociedade brasileira tal condição poderia ocorrer, no entanto, porque a organização da produção e da distribuição da riqueza, na ordem social competitiva em expansão, pressupõe novos padrões de participação social da renda. Em outras palavras, certos mínimos sociais na democratização da renda são essenciais para que o substrato e os dinamismos econômicos da ordem social competitiva funcionem de modo balanceado e equilibrado.

Sob esse aspecto, não são as forças econômicas que constroem o futuro no presente que ameaçam o equilíbrio político da sociedade. Ao contrário, é o desequilíbrio político da sociedade que ameaça aquelas forças econômicas, reduzindo, solapando ou anulando suas potencialidades e funções sociais construtivas. Ora, o desequilíbrio político da sociedade parece associar-se a tensões latentes puramente sociais, que se polarizam politicamente graças ao teor irracional e egoístico das avaliações daquelas tensões pelos círculos conservadores. Os resultados da investigação histórica e da investigação sociológica sugerem, convergentemente, que tanto o trabalhador agrícola quanto o operário — para não se falar do negro ou do estudante radical, que também compartilham motivações análogas — são movidos, socialmente, pelo afã de ter acesso às posições acessíveis da ordem social competitiva, de se classificarem dentro dela de modo estável e de participarem, com a própria família, de seus mecanismos de ascensão social. As tensões latentes e os conflitos que as tornam visíveis nascem, portanto, da obstinação dos círculos conservadores, em regra nada ou pouco propensos a admitirem a vigência efetiva dos valores jurídicos e políticos que regulam, legal e moralmente, as relações humanas na ordem social competitiva (como ela se objetiva socialmente no meio brasileiro: nos códigos, na Constituição e no consenso social). As polarizações políticas dessa manifestação de intransigência, que envolve atitudes e comportamentos de intensa resistência residual à mudança — como se equidade, nas relações de indivíduos de classes sociais antípodas, fosse degradante — variam com os interesses sociais em jogo. Onde tais interesses gravitam em torno do "complexo econômico colonial", a aceitação da ordem social competitiva é meramente nominal; no fundo, prevalece nos círculos conservadores associados a esse complexo inabalável de que democracia significa liberdade para o mais forte usar o próprio poder de acordo com seu arbítrio, interesses ou conveniências. Onde aqueles interesses giram em torno do "complexo econômico urbano-industrial", aparecem gradações que evidenciam a operatividade parcial ou total dos requisitos jurídico-políticos da ordem social competitiva, tudo dependendo das pessoas, situações ou obrigações envolvidas; como para os círculos conservadores associados a esse complexo é vital resguardar formas mais ou menos espoliativas e antissociais de acumulação de capital, para eles democracia adquire um significado análogo ao anterior. Isso mostra por que as elites "tradicionais" e as "modernas" atuam solidariamente no plano político. Apesar das divergências provenientes da diversidade de categorias econômicas a que pertencem, a identidade funcional de seus interesses sociais, na presente conjuntura econômica, compele-os a atuar solidariamente no plano político. Em virtude dessa convergência de interesses, que tenderá a se anular com o desenvolvimento do capitalismo industrial, não existem diferenças entre as elites "tradicionais" e as "modernas", pois ambas põem em prática as mesmas propensões à concentração social da renda a ao abuso do mandonismo. Em consequência, as aspirações de classificação e de mobilidade sociais dos outros setores da sociedade, especialmente o dos trabalhadores agrícolas e o dos operários, ficam condenadas a um bloqueamento compacto e a uma frustração sistemática. Malgrado suas identificações com o "sistema", veem-se à margem das compensações materiais ou morais desejadas e alimentam, de forma latente, ressentimentos contra os "donos do poder" que podem ser facilmente transferidos contra a ordem social vigente.

Esse breve escorço omite vários fatos importantes. Contudo, ele sugere como surge e como se mantém a instabilidade política. A ordem legal vigente confere igualdade política aos cidadãos e organiza o regime republicano em bases democráticas. As classes sociais que compõem a sociedade não possuem possibilidades análogas de participar efetivamente dessas garantias jurídico-políticas. Algumas classes monopolizam a fruição de tais garantias, convertendo a democracia numa ficção e numa cômoda armadilha, pois à concentração da renda corresponde a concentração do poder, o que coloca os socialmente "fracos" à mercê dos socialmente "fortes". O pior é que estes constroem uma imagem da "normalidade da ordem" e da "consolidação do regime", a qual exclui qualquer normalização das relações sociais nos níveis econômico e político. Todavia, ao inverso do que sucedia sob a ordem social patrimonialista, as classes sociais prejudicadas não só tomam consciência do sacrifício de garantias sociais básicas e das consequências nefastas que daí advêm. Opõem-se como podem a tal situação, ouvindo ou apoiando os demagogos, aderindo a formas compensadoras ou eficientes de inconformismo, predispondo-se à radicalização política e à ação pela violência etc. No entanto, como se identificam com as compensações sociais consagradas pela ordem social vigente, sua oposição não se ergue "contra o regime", claramente, mas "contra as injustiças de que são vítimas, perdendo-se esteticamente, sem assegurar a estruturação de movimentos sociais de protesto e de luta, suscetíveis de provocar o almejado "saneamento do regime". Apesar de sua ineficácia, a eclosão de tais ressentimentos, frustrações e insatisfações na arena política alerta os círculos conservadores, gerando ciclos alternados de composições conciliadoras, mais ou menos "progressistas", e intransigências rígidas, mais ou menos "duras" e "implacáveis". No fundo, a lógica desses dinamismos é sempre a mesma. Os círculos conservadores usam suas posições estratégicas na estrutura do poder (no terreno econômico, político ou militar) com o propósito estrito de manter o monopólio do poder sob controle de uma de suas facções. Os expedientes para atingir esse objetivo tanto podem ser a via eleitoral, a conspiração política ou o golpe de Estado. A instabilidade transfigura-se, assim, numa espécie de "doença da velhice", afirmando-se nitidamente como uma técnica antissocial de uso pacífico ou violento do poder para impedir a reorganização da sociedade nos planos econômico, político e social.

O que interessa, à análise, não são as aparências do drama político. Mas as condições e os fatores que promovem sua continuidade secular, a qual tolhe a evolução normal dos regimes democráticos e os condena a uma ineficácia que compromete a própria democracia aos olhos do povo. A esse respeito, dois pontos parecem fundamentais. Primeiro, as estruturas sociais arcaicas continuam a ter suficiente vitalidade para preservar técnicas sociais legalmente proscritas de controle autoritário do poder, enquanto as estruturas sociais modernas não possuem bastante vitalidade para impor ou defender as técnicas democráticas de organização do poder. Apesar dos três quartos de século da experiência republicana, o nível de integração da ordem social-democrática em formação ainda não comporta a tolerância diante do inconformismo, a solução construtiva das tensões ou dos conflitos sociais e o respeito pela equidade independentemente do grau de riqueza, prestígio e poder. Segundo, as formas dominantes e arraigadas de institucionalização do poder ainda são, fundamentalmente, extra e antidemocráticas.

Ainda se pensa e se age, entre os que mandam e os que obedecem nas relações de dominação, de forma autocrática e autoritária, como se o único poder legítimo, esclarecido e construtivo emanasse da vontade, dos interesses e dos valores das elites dirigentes dos círculos sociais conservadores. Isso impede, de modo sociopático, que as instituições políticas absorvam e elaborem as expressões da vontade, dos interesses e dos valores das demais classes sociais. O que as afasta das formas instituídas de organização do poder ou as mantém perigosamente marginalizadas nos processos políticos de que participam. Esses dois elementos, a inexistência de canais políticos de absorção de divergências, tensões ou conflitos sociais e a ausência de formas propriamente democráticas de institucionalização do poder, que pudessem incluir todas as classes da sociedade nacional em ocorrências de interesse comum, é que respondem e explicam, substancialmente, o caráter inevitável e secular da instabilidade política.

Isso não impede que o crescimento econômico, sem ser fator tópico causal da instabilidade política, tenha com ela uma relação estrutural e dinâmica. Segundo supomos, a análise anterior patenteia esse fato de maneira implícita ou explícita. Contudo, conviria ressaltar sistematicamente os aspectos fundamentais dessa relação do crescimento econômico com a instabilidade política. De um lado, a aceleração do crescimento econômico acaba se convertendo numa condição essencial para a extinção das "estruturas sociais arcaicas", tanto quanto para a consolidação e progressiva normalização das "estruturas sociais modernas". De outro lado, essa importância e função do crescimento econômico é percebida pelos grupos sociais em presença, animando sua tomada de posição diante dele e, especialmente, dinamizando suas atitudes ou comportamentos políticos a respeito. Aqui devemos dar atenção, naturalmente, ao segundo aspecto. Na medida em que as tensões e as relações de conflito se agravam, os grupos sociais divergentes evoluem da defesa de uma "taxa" de crescimento econômico para a defesa de um "padrão" de crescimento econômico. A partir do momento em que a "quantidade" se revela mais ou menos inoperante, surge e se fortalece a ideia da "maneira de organizar e distribuir" os benefícios do desenvolvimento. Isso fica patente quando se consideram as avaliações que afetaram a "política desenvolvimentista" do governo Kubitschek. O objetivo de um *desenvolvimento acelerado*, que realizasse "cinquenta anos em cinco", exerceu enorme fascínio em todas as camadas sociais. Todavia, os expedientes usados para atingir o objetivo — concessões consideradas excessivas ao capital externo e a empresários nacionais, recurso imoderado à inflação, altos custos dos empreendimentos estatais sem controles de rendimento e de qualidade etc. — e os resultados obtidos deram origem a avaliações mais ou menos realistas, que expunham em primeiro plano a pergunta: a quem beneficia o desenvolvimento? Os políticos que apareceram na cena política, em seguida, não puderam mais ignorar a "obsessão desenvolvimentista"; mas tinham de colocá-la em bases novas, por causa daquela pergunta, dando ênfase ao "como organizar o desenvolvimento". À medida que os aspectos quantitativos do crescimento econômico foram cedendo lugar aos aspectos qualitativos, as polarizações políticas dos diferentes círculos sociais diante do problema se alteraram rapidamente. Nos chamados "meios empresariais", que englobam tanto a grande empresa agropecuária quanto os representantes dos interesses urbano-industriais, essa evolução foi recebida com perturbação e recebeu franca oposição. Se ela frutificasse politicamente, fomentaria a condenação e a eliminação progressiva das práticas usuais de acumulação de capital, espoliativas e antissociais no contexto jurídico e político da ordem social vigente. Para eles, convinha incentivar o *mito do desenvolvimentismo*, mas sem ultrapassar as questões relacionadas, econômica e politicamente, com a "taxa" de crescimento. Tratava-se de um artifício para manter o *status quo* onde convinha, onerando-se a coletividade como um todo por processos econômicos que não distribuíam proventos equitativos para todos. Já outros setores da sociedade, sensíveis às dimensões políticas dessa realidade — como os operários sindicalizados, os trabalhadores rurais envolvidos em movimentos reivindicatórios e os estudantes radicais — propendiam a pôr em primeiro plano o "padrão" de crescimento econômico. Eles viam neste o meio por excelência para atingir "pela base" a solução de problemas de envergadura nacional. Por isso, associavam o crescimento econômico explícita e sistematicamente à correção de iniquidades sociais, econômicas e políticas, fazendo dele a mola mestra das "reformas estruturais". Na medida em que tais reformas visavam à eliminação de condições e fatores que perturbavam a integração e o desenvolvimento normais da ordem social competitiva, sua posição e motivações nada tinham de "revolucionárias". Apenas colocavam no tabuleiro político uma nova visão, mais sensível aos interesses da Nação como um todo, de como orientar politicamente o desenvolvimento econômico. Como consequência mais geral, ao mesmo tempo dramática e paradoxal, assumiam, contra a inércia e sob a irritação da burguesia nacional, os papéis ativos de agentes conscientes e responsáveis da "revolução burguesa", pretendendo conduzí-la a seu término histórico.

Essa diferença de polarizações políticas em face dos interesses representados pelo crescimento econômico aumentou até o clímax a instabilidade política. Ela está, mesmo, na própria raiz das ocorrências trágicas que assinalam a duração efêmera e o destino sinistro dos últimos governos ou o banimento dos líderes políticos, sindicais e intelectuais mais expressivos do país. Pondo de lado outros aspectos relevantes, gostaríamos de aprofundar essa análise em algumas direções. Os dados expostos indicam, acima de tudo, como numa sociedade em processo de integração nacional (no nível do regime de classes e da ordem social competitiva), o crescimento econômico pode inserir-se nas relações de conflito social. Classes e grupos sociais divergentes, quanto ao curso e aos objetivos da integração nacional, podem projetar seus interesses e opções ideológicas nas áreas em que se define o que o crescimento econômico deverá representar para a "consolidação" ou para a "expansão" da ordem social vigente. Daí resultam fricções incontroláveis que agravam a instabilidade política e intensificam sua utilização como recurso extremo para manter o controle do poder ao velho estilo. Ao mesmo tempo, os dados expostos também evidenciam o quanto é difícil, na atual situação brasileira, harmonizar os interesses econômicos, sociais e políticos divergentes, de modo a definir-se os alvos do crescimento econômico no nível político da integração nacional. A arena é ocupada e dominada por interesses nítidos e estreitos de classes (ou de facções de classes), com a agravante de que só as classes (ou de facções dessas classes) que ocupam posições estratégicas nas estruturas de poder logram impor sua voz ativa. Por fim, aqueles dados sugerem que a superação dessa fase destrutiva e predatória na definição do uso social do crescimento econômico depende dos efeitos lentos e imprevisíveis da mudança social espontânea. Enquanto a integração nacional (no nível da ordem social competitiva) não possuir o mesmo valor para todas as classes sociais, o crescimento econômico tenderá a ser calibrado socialmente através de interesses sociais mais ou menos particularistas. O que significa que o advento de uma era em que predominem, nesta esfera, razões puramente técnicas e motivos racionais continua a ser longínquo.

Os resultados da discussão precedente alimentam duas conclusões. Em primeiro lugar, o crescimento econômico repercute profundamente nos interesses das classes sociais e, por isso, se imiscui nas relações de conflito delas entre si, o que leva a operar, indiretamente, como uma condição de agravamento da instabilidade política. Em segundo lugar, ele faz parte, em termos prospectivos, da constelação de fatores socioeconômicos que operam no sentido de corrigir e eliminar as inconsistências da ordem social competitiva, as quais convertem processos típicos de "*transformação dentro da ordem*" em tensões ou conflitos sociais insolúveis. Essas duas conclusões são significativas, porque salientam os dois aspectos complementares dos efeitos socio-dinâmicos do crescimento econômico, encarado como força histórico-social. No mesmo contexto em que o crescimento econômico contribui indiretamente para acelerar e agravar a instabilidade política, também contribui para modificar a qualidade da consciência da situação social e para desencadear atitudes, avaliações e comportamentos mais racionais diante da mudança social. No caso brasileiro, essas duas tendências se associam claramente, permitindo prever que a superação do impasse existente é uma questão de tempo.

Por fim, resta-nos dar alguma atenção à instabilidade política vista em suas relações com a organização do poder e com o desenvolvimento econômico. Será que, de fato, a instabilidade política preenche alguma função social construtiva? Pouco se avançou na direção de responder a esta pergunta. Os que enxergam mais longe e com maior objetividade admitem que existe uma lógica da "sociedade problema". Acabam entendendo não só que a instabilidade política representa uma "condição normal" dessa espécie de sociedade; como, também, que ela é *necessária* para que a "sociedade problema" possa funcionar e reproduzir-se segundo o seu padrão de normalidade. O defeito desses raciocínios está em sua circularidade. Eles pressupõem um ponto ideal de desequilíbrio dinâmico que se perpetua incessantemente, segundo o qual os dinamismos da "sociedade problema" não fazem outra coisa senão mantê-la nesse estado. Ora, não parece que tal maneira de ver encerre a questão. De que *normalidade* se está falando? Da que resulta do desequilíbrio inerente à "sociedade problema", ou da que é inerente ao padrão de civilização que ela não consegue realizar plenamente? Desse ângulo, o essencial seria determinar se os dinamismos da "sociedade problema" não trabalhou, de uma maneira ou de outra, no sentido de convertê-la numa "sociedade normal", segundo os requisitos estruturais e funcionais da civilização vigente. Fazendo-se essa rotação de perspectivas, constata-se que a instabilidade política não traduz, apenas, uma "impossibilidade histórica". Ela também prenuncia um futuro em gestação, uma "possibilidade que se converterá em história".

Dentro dos marcos das perguntas enunciadas ergue-se a verdadeira problemática da sociedade brasileira, encarada através dos dilemas de suas contradições políticas. Uma parte da dinâmica da instabilidade política repousa, realmente, na contínua revitalização do tradicionalismo, do mandonismo e da pseudodemocracia. Contudo, outra parte da mesma dinâmica apresenta o significado oposto, que faz dela a única via possível para a modernização. Isso quer dizer que ela traz consigo os germes de sua fraqueza e de sua destruição. Se círculos sociais poderosos só podem manter o controle da situação mediante o uso da violência organizada, da conspiração permanente e de golpes de Estado sucessivos, a sociedade está-se transformando inexoravelmente e, com ela, sua economia e sua ordem política. O perigo poderia ocorrer se, em lugar da instabilidade, se impusesse a estabilidade política, mantendo-se as demais condições inalteradas. Aí, sim, a estagnação estaria consagrada; e, graças a ela, estaria condenada qualquer esperança de modernização dos modos de ser, de pensar e de agir. Essa eventualidade é que torna os regimes ditatoriais tão perniciosos e indesejáveis na América Latina – porque eles rompem o impasse que impõe a instabilidade política como uma composição transitória, mas a favor de uma solução que anula qualquer marcha para a frente, quanto à realização de um estilo democrático de vida.

Vendo-se a realidade brasileira desse prisma, parece fora de dúvida que a instabilidade política possui um duplo significado histórico-social: 1o) ela atesta a inevitabilidade e a profundidade das rupturas com o passado e com os elementos arcaizantes que o enraízam no presente ou o projetam no futuro; 2o) ele evidencia a rigidez e a vulnerabilidade das técnicas de dominação e de controle herdadas do passado, incapazes de absorver os incentivos à democratização inerentes à ordem social vigente e de estabelecer o padrão dinâmico de equilíbrio político que ela requer. Correlatamente a esses significados, a instabilidade política preenche certas funções sociais construtivas, vinculadas com a transformação da sociedade em suas dimensões do "vir a ser histórico". Primeiro, ela compele as elites no poder a tomar consciência da existência, vitalidade e influência de outros círculos sociais, igualmente empenhados, embora sem êxito aparente, nas questões pertinentes à organização política da sociedade. Segundo, ela anima essas mesmas elites a levar em conta (e, por vezes, a assimilar) as exigências políticas daqueles círculos sociais, consentindo por via autocrática o que não se dispõem a fazer através da democratização do seu estilo de atuação política. Ao preencher essas funções construtivas, a instabilidade política contribui positivamente: a) para selecionar e reforçar as "áreas de concessão", dentro das quais os círculos sociais em pugna (aberta, dissimulada ou latente) procuram traduzir, em termos políticos, as acomodações alcançadas na organização da economia e da sociedade; b) para compelir os círculos sociais no poder a ampliarem, continuamente, os limites dessas áreas, atendendo assim às pressões que não afetam suas posições de dominação e, por vezes, às tensões que podem agravar-se explosivamente, apesar do controle autoritário; c) para manter em efervescência política tensões e conflitos sociais que nascem de interesses, valores e aspirações sociais essenciais à diferenciação e à reintegração da ordem social. As atitudes e comportamentos que culminam nessas consequências são encobertos, nos círculos sociais conservadores, sob o manto dos "imperativos da responsabilidade social". Na verdade, porém, tais atitudes e comportamentos fazem parte inevitável da "lógica da situação". Evitá-los ou proscrevê-los seria provocar riscos imprevisíveis; daí a preferência pela instabilidade, que pode ser aceita desde que exista alguma segurança, para aqueles círculos, de que ela não acarrete perda de controle do poder e de que ela permita manipular as mudanças consentidas (e capitalizá-las politicamente) segundo seus interesses econômicos, sociais e políticos. As atitudes e comportamentos que propendem para os efeitos apontados, nos círculos sociais inconformistas, são francamente sublimados em torno de uma filosofia do oportunismo político. As concessões são feitas como se fossem um "mal necessário" e tendem a ser avaliadas reativamente, pelo que os "donos do poder" perdem ou cedem. O cálculo dos ganhos é feito, por sua vez, com base no argumento de que "uma concessão puxa outra" e sob a esperança de que, em um momento qualquer, as relações de força poderão inverter-se. Portanto, as duas funções construtivas da instabilidade política transcorrem em um contexto psicossocial em que os agentes se definem como antagonistas e são movidos pela predisposição de *maximizar* seus lucros políticos.

Por aí se vê o quanto a instabilidade política responde dinamicamente às condições de organização do poder de sociedades subdesenvolvidas em mudança. De um lado, ele desemboca em arranjos políticos que reforçam, direta ou indiretamente, as condições possíveis de reintegração da economia, da sociedade e da cultura. De outro, ela pode e tende a aumentar as margens dentro das quais o padrão de civilização vigente se realiza, historicamente, naquelas três esferas. Sob esse ângulo, parece fora de dúvida que a instabilidade política reflete um estado de coisas muito mais favorável ao crescimento econômico, visto a longo termo, que o imobilismo da sociedade tradicionalista ou de uma ditadura nele inspirada. Acresce que, na situação brasileira, a instabilidade política não pode ser superada senão por meio da eliminação dos entraves socioculturais que sufocam, constrangem ou deformam o crescimento econômico. Ela não se configura, neste sentido, como barreira específica ao crescimento econômico, já que aparece como um sintoma histórico da crise das estruturas de poder que suportam e alimentam a resistência sociopática à mudança sociocultural.

Os resultados desta discussão não comprovam, portanto, a ideia corrente de que a instabilidade política seja fundamentalmente negativa. Ao contrário, sugerem que ela constitui uma resposta normal e a única possível a situações políticas nas quais os detentores do poder são suficientemente fortes para manter suas posições de dominação política e, ao mesmo tempo, bastante fracos para terem de se compor com círculos sociais divergentes em matérias políticas essenciais para a organização da economia e da sociedade. Os aspectos negativos de semelhante situação histórico-social são evidentes: os grandes problemas ficam em suspenso e sem solução relevante para os processos de integração nacional. Isso cria insatisfação e certo temor destrutivo em relação ao futuro. Todavia, a mesma situação histórico-social possui aspectos positivos. Em primeiro lugar, se a resposta final à situação consiste na consolidação de um regime democrático, o impasse reside na ausência de uma filosofia política nacional, suscetível de absorver, dentro de certos limites, interesses, valores e ideologias discrepantes das diversas classes sociais em presença. Se uma das classes eliminasse as outras nesse processo, de modo decisivo e definitivo, a elaboração daquela filosofia política nacional se tornaria inútil e impraticável. Em segundo lugar, a instabilidade política pressupõe a continuidade de tensões e conflitos que são, em si mesmos, educativos e construtivos. Deles dependem a emergência de novas atitudes e comportamentos de tolerância nas relações políticas, o aparecimento de novos padrões de dominação política e a própria diferenciação da ordem social competitiva, sob o impacto da democratização do poder. Esses aspectos positivos se relacionam, em última instância, com o que a instabilidade política representa como fase de transição: ela facilita e promove a inclusão de novos setores da sociedade nas formas existentes de institucionalização do poder. Se não for abortada por um retrocesso, desimpede o caminho do desenvolvimento da democracia em sociedades nas quais a integração nacional esbarra com obstáculos econômicos, socioculturais e políticos muito fortes.

Isso tudo nos permite voltar ao ponto de partida desta discussão. Os que condenam a instabilidade política no Brasil cometem um erro de perspectiva. Avaliam economicamente processos políticos de longa duração com critérios econômicos de conjuntura. Ao procederam desse modo, omitem que um equilíbrio político prematuro pode sair muito mais caro, além de arruinar o destino de algumas gerações e de comprometer a integração da sociedade nacional. Doutro lado, o pânico diante da extrema instabilidade da vida política da vida brasileira nos últimos trinta e seis anos é injustificável. Nada indica que o Brasil esteja condenado a submergir num impasse político por causa disso. Ao contrário, ao que parece esse impasse será superado dentro de um espaço de tempo variável, de vinte e cinco a cinquenta anos, que é o quanto poderá durar historicamente, a fase de integração da sociedade nacional que estamos atravessando. No decorrer desse período, se não acontecer nada mais relevante, a instabilidade política deixará de ser uma técnica adaptativa, tendo cumprido suas funções de recurso político extremo numa era de indecisão e de transição.

4. CONCLUSÕES

Nos limites desta contribuição não é possível discutir todos os problemas sociologicamente significativos, em particular os que são de natureza teórica. Tais problemas são, contudo, essenciais para a compreensão da realidade. Por isso, seria conveniente retomar as conclusões formuladas, com o objetivo específico de focalizar as relações entre "economia" e "política" na situação histórico-social brasileira. Semelhante focalização se impõe, pois existe uma tendência a subestimar-se a segunda, como se só a primeira contasse, estrutural e dinamicamente, na determinação dos processos de mudança que afetam a organização do poder e o padrão de integração nacional da sociedade brasileira

A esse respeito, é preciso lembrar que o padrão de civilização, vigente no Brasil, foi transferido ou transplantado de fora, mas por via de herança cultural e de participação contínua nos processos de transformação dessa civilização, ocorridos nos centros originais de sua elaboração e irradiação. Vendo-se a realidade desse prisma, duas coisas ficam patentes. De um lado, o tipo de correlação dos fatores sociais (especialmente, de economia, sociedade e cultura) que caracteriza aquela civilização faz parte, em termos de "estrutura", de "função" e de "história", do estilo de vida social imperante no Brasil. De outro, os dinamismos pelos quais essa correlação se objetiva e se manifesta estrutural, funcional ou historicamente, devido à própria condição da transplantação cultural e do esforço de manter o padrão daquela civilização em condições mais ou menos desvantajosas, apresentam peculiaridades significativas para a interpretação sociológica. Como as instituições econômicas, sociais e políticas foram importadas, juntamente com os padrões ideais que regem a integração da ordem social global e os respectivos modelos organizatórios, nem sempre a "economia" gera, liberta ou coordena os estímulos que dinamizam o aparecimento e o desenvolvimento histórico dessas entidades nos seus centros de origem. Limitando-nos ao essencial, duas evidências gerais se impõem: a) cabe à "economia" dar lastro e vitalidade às instituições, aos padrões ideais de integração da ordem social global e aos modelos organizatórios transplantados; b) depende da "política" o modo pelo qual esse lastro e vitalidade eclodem na cena histórica e convertem-se em forças sociais persistentes, calibrando-se como fatores de estabilidade ou de mudança sociais.

Na verdade, a "economia" está na base do que sucede com a herança cultural transplantada. A ela se subordinam a formação e o fortalecimento dos fluxos de produção e de distribuição da riqueza, que são essenciais à existência, ao funcionamento e ao desenvolvimento das instituições, dos padrões ideais de integração da ordem social global e dos modelos organizatórios transplantados. Contudo, pela própria posição periférica, dependente e especializada no mercado internacional, os países que estão na situação do Brasil, na América Latina, não possuem uma "economia" que possa preencher todas as funções vitais para a vigência e a expansão *normais* da civilização transplantada. Os fluxos da produção e da circulação da riqueza às vezes são suficientes para saturar, historicamente, uma parte das funções dessa civilização. Não obstante, eles se mostram demasiado débeis, seja para servir de base, em dado momento, à atualização simultânea de todas as suas funções econômicas, sociais e políticas; seja para incentivar eficazmente, a longo termo, a manifestação coordenada das potencialidades de mudança inerentes a tais funções. Nesse sentido, o principal efeito socio-dinâmico das debilidades econômicas aparece em dois níveis. A "economia" oferece suportes demasiados fracos para imprimir plena vitalidade às instituições, padrões ideais de integração da ordem social global e modelos organizatórios herdados. E ela própria sofre o impacto dessa debilidade, esvaziando-se socialmente de modo variável e desgastando-se como um dos focos centrais de coordenação ou de dinamização dos processos civilizatórios. Tudo isso quer dizer que a "economia" não conta com condições materiais e morais suscetíveis de imprimir às suas influências dinâmicas (integrativas ou diferenciadoras) o caráter de processos organizados e encadeados autonomamente em escala nacional.

Nessas condições histórico-sociais, a "política" emerge como um fator de potencialidade decisiva. É claro que ela não escapa às limitações da "economia" e das inconsistências que daí decorrem para a organização e para a evolução da "sociedade". Todavia, devido às debilidades dos fluxos de produção e de distribuição da riqueza, dela vai depender, quase literalmente, o modo pelo qual se calibrará a reação societária às consequências disnômicas daquelas debilidades em todas as esferas da vida. Portanto, dela vai depender a maneira pela qual o comportamento social inteligente é posto (ou deixa de ser posto) a serviço da correção e da superação dos "efeitos cegos" do crescimento econômico e da mudança social. A esse propósito, não seria demais repetir que é muito difícil, para qualquer povo, construir uma "política" mais independente que sua "economia". Mas isso não é impossível, como nos ensinam vários exemplos, e acaba sendo uma necessidade histórica para os povos de origem colonial. O que compromete o Brasil, a esse respeito, é o padrão assumido por sua integração nacional. Primeiro, a Independência não conduziu, de fato, senão à organização do Estado e à integração, em escala nacional, da sociedade civil que lhe servia de suporte (a casta senhorial e os estamentos de homens livres que possuíam qualificações cívicas). Segundo, a República não conseguiu, até agora, senão aumentar o número de classes e a quantidade de indivíduos incorporados à sociedade civil, falhando no seu propósito de universalizar direitos e obrigações que extinguiram o divórcio existente entre esta e a Nação como tal. Isso ocorreu e se explica, fundamentalmente, por um fator simples. A constituição de um Estado nacional não coincidiu nem exprimia a emergência de formas de diferenciação e de concentração do poder necessárias para organizar e expandir o desenvolvimento socioeconômico em bases nacionalmente autônomas. A "política" ficou contida dentro dos limites materiais e morais do "complexo colonial", engendrando um Estado nacional que repousava na dominação patrimonialista. Mesmo a "revolução burguesa" seria contaminada por essa situação, pois lançava algumas de suas raízes no "complexo colonial" e nas formas de dominação que lhe eram subjacentes. Por isso, e também por causa da influência de centros hegemônicos externos na expansão do capitalismo industrial, as forças que a animam omitem-se diante do confronto entre o conceito e a realidade do que é e do que *deveria ser* autonomia nacional. Somente quatro décadas depois da implantação da República é que a sociedade brasileira começa a colocar-se os problemas da integração nacional de uma perspectiva política mais ampla e a cogitar dos meios para construir o seu próprio destino. Então, a "política" se liberta, gradativa mas convulsivamente, dos entraves do imobilismo tradicionalista, e se projeta nos centros de interesses e nas aspirações do "homem comum", ganhando maior plenitude como fator histórico-social construtivo.

À luz dessas conclusões, é legítimo admitir-se que se está operando, embora desordenada e lentamente, uma rotação no uso social do elemento político na sociedade brasileira. Até um passado recente, as elites dirigentes enfrentaram suas "responsabilidades sociais" de tal maneira, que sua atuação prática jamais ultrapassou, mesmo na esfera da inovação, os limites do conservantismo político. Sob pressão dos avanços da integração nacional e dos progressos do capitalismo industrial, torna-se cada dia mais difícil e improdutivo manter-se a "política" na condição de prisioneira de interesses estanques e confinados, o que condena suas polarizações conservantistas e, ao mesmo tempo, fortalece suas polarizações modernizadoras. Tanto a integração nacional, em sua fase atual, quanto o desenvolvimento do capitalismo industrial exigem uma política econômica inovadora, que permita extinguir formas de acumulação do capital que onerem improdutivamente a sociedade, que favoreçam a correção de desequilíbrios econômicos regionais ou setoriais e que incentivem a formação de um mercado nacional dinâmico, capaz de entrosar equilibradamente a produção, a distribuição e o consumo. Doutro lado, uma política econômica dessa envergadura pressupõe a equação em novas bases da organização e das funções do Estado, bem como de suas relações com a iniciativa privada e com o funcionamento das instituições jurídicas que regulam as atividades econômicas. O que importa ressaltar é que essa rotação no uso social do elemento político, malgrado as aparências em contrário, desenrola-se como um processo penetrante e envolvente, com caráter irreversível. Ele avassala as consciências nos mais distintos níveis sociais e modifica sutilmente os critérios de avaliação e de racionalidade que eram explorados tradicionalmente na arena política. A aceleração da instabilidade política, em vez de infirmar, representa a melhor contraproposta dessa observação. Pode-se prever, pois, o advento de uma era na qual a "política" terá, como fator de mudança (e presumivelmente de "mudança provocada e orientada"), uma importância análoga à que já teve no passado, como fator de estabilidade. Em tais condições, ele ganhará forças para fomentar o aparecimento e a universalização de uma nova mentalidade, de um novo estilo de ação e de novas aspirações sociais, que irão conferir ao homem brasileiro maior capacidade de previsão e de controle em suas relações com a organização ou com o desenvolvimento da "economia".

NOTAS SOBRE O FASCISMO NA AMÉRICA LATINA

O fascismo não perdeu, como realidade histórica, nem seu significado político nem sua influência ativa. Tendo-se em vista a evolução das "democracias ocidentais", pode-se dizer que Hitler e Mussolini, com seus regimes satélites, foram derrotados no campo de batalha. O fascismo, porém, como ideologia e utopia, persistiu até hoje, tanto de modo difuso, quanto como uma poderosa força política organizada. Não só ainda existem regimes explicitamente fascistas em vários países; uma nova manifestação do fascismo tende a tomar corpo: através de *traços* e mesmo de tendências mais ou menos abertas ou dissimuladas, a versão industrialista "forte" da *democracia pluralista* contém estruturas e dinamismos fascistas. Na verdade, a chamada "defesa da democracia" somente modificou o caráter e a orientação do fascismo, evidentes na rigidez política do padrão de hegemonia burguesa, no uso do poder político estatal para evitar ou impedir a transição para o socialismo, na tecnocratização e militarização das "funções normais" do Estado capitalista, em uma era na qual ele se converte no "braço político armado" da grande empresa corporativa e na retaguarda de um sistema mundial de poder burguês.

Os países da América Latina não são — nem poderiam ser — uma exceção nesse vasto quadro. Nesses países, propensões internas para o autoritarismo e o fascismo foram largamente intensificadas e recicladas pela crescente rigidez política das "democracias ocidentais" diante do socialismo e do comunismo. Como a revolução socialista eclodiu em Cuba, a "ameaça do comunismo" deixou de ser um espectro remoto e nebuloso. Ela se apresenta como uma realidade histórica continental e um desafio político direto.

Infelizmente, o estudo do fascismo sofreu dois impactos. Um foi e continua a ser a má aplicação de conceitos como "autoritarismo", "totalitarismo", "autocracias modernas" etc., para esconder identificações ideológicas (ou certos compromissos intelectuais). Regimes claramente fascistas podem ser descritos como "autoritários" ou mesmo como "ditaduras funcionais" desde que se postule que eles "são frequentemente instituídos a fim de impedir a ameaça de um golpe por um movimento totalitário", e tenham "uma feição essencialmente técnica".[1] De outro lado, tem-se dado maior atenção sistemática à análise de tipos de fascismo de "alcance" e "significado" históricos. Espanha e Portugal, por exemplo, foram relativamente negligenciados."[2] A consequência disso é que uma forma

1. C. J. Friedrich e Z. K. Brzezinski, Totalitarian dictatorship and autocracy. Cambridge, Massachusetts, Harvard University Press, 2ª ed., 1965, p. 8-9.

2. Parece-me que a delimitação empírica do fascismo, introduzida por E. Nolte (Three faces of fascism. Action Française, Italian Fascism. National Socialism, Londres, Weidenfeld & Nicolson, 1966),

de fascismo de menor refinamento ideológico, que envolve menor "orquestração de massa" e um aparato de propaganda mais rudimentar, mas que se baseia fundamentalmente na monopolização de classe do poder estatal e em uma modalidade de *"totalitarismo de classe"*[3] não seja bem conhecido sociologicamente.

O fascismo na América Latina tem sido, até o presente, uma versão complexa dessa espécie de fascismo.[4] Como tal, ele pressupõe mais uma exacerbação do uso autoritário e totalitário da luta de classes, da opressão social e da repressão política pelo Estado, do que doutrinação de massa e movimentos de massa. Ele é substancialmente contrarrevolucionário e emprega a guerra civil (potencial ou real; e "a quente" ou "a frio") em dois níveis diferentes

---

é bastante frutífera e corrobora a análise feita (ver especialmente p. 460). Com referência à Espanha, sua caracterização é acurada, mostrando a vantagem do conceito, tão evitado por vários cientistas sociais.

3. O "totalitarismo de classe" só é possível em sociedades estratificadas nas quais a cultura especial da classe dominante (ou setores de classe dominante) opera e é imposta como se fosse a cultura universal de toda a sociedade (ou a "civilização"). Às vezes, a cultura especial da classe baixa é contraposta a ela como "folclore" ou "cultura popular". Quando os membros da classe baixa "saem de seu mundo" e desempenham papéis que se vinculam às esferas econômica, social e política da sociedade global, eles compartilham, de uma forma ou de outra, traços ou complexos institucionais da "civilização" (ou, em outras palavras, da cultura oficial e dominante).

4. Esse tipo de fascismo corresponde às duas funções de autodefesa e de autoprivilegiamento que ele alcança nas mãos de classes ameaçadas, descritas por F. Neumann (The democratic and the authoritarian State —Essays in political and legal theory. Glencoe, Illinois, The Free Press, 1957, p. 250-251). (Ed. bras.: Estado democrático e Estado autoritário. Rio, Zahar, 1969.)

(e por vezes concomitantes): 1°) contra a democratização como um processo social de mudança estrutural (por exemplo, quando ela ameaça a superconcentração da riqueza, do prestígio e do poder), ou seja, ele se ergue, de modo consciente, contra a "revolução dentro da ordem"; 2°) contra todos os movimentos socialistas, qualificados como revolucionários — portanto, ele também procura barrar a "revolução contra a ordem existente" (a qual foi, aliás, a *função histórica* do fascismo na Alemanha e na Itália). Alguns observadores encaram essa forma de "subfascismo" — ou de "pré-fascismo" como uma herança colonial, localizando o seu componente central na manipulação autocrática das estruturas de poder e da maquinaria do Estado. Não é necessário negar certas continuidades culturais para se fazer a crítica de semelhante interpretação. Seria errado supor que as manifestações do fascismo na América Latina constituam um mero produto (ou um subproduto) de estruturas de poder arcaicas. O fascismo, em si mesmo, é uma força muito moderna e seus objetivos mais recentes estão relacionados com o "desenvolvimento com segurança", um desdobramento da interferência das potências capitalistas hegemônicas e das empresas multinacionais com vistas a garantir a estabilidade política na periferia. Essa evolução coincide com os interesses conservadores, reacionários e contrarrevolucionários de burguesias relativamente impotentes, que preferem a capitulação política ao imperialismo a lutar pelas bandeiras tradicionais (ou "clássicas") de um nacionalismo burguês revolucionário. De outro lado, se adotarmos conceitos derrisórios (como "subfascismo" ou "pré-fascismo"), com isso não modificaremos a realidade. Esses e outros nomes mal se aplicam à contrarrevolução organizada política e militarmente e às suas implicações políticas tão complexas e destrutivas, que consolidam o poder da reação e excluem da cena histórica todas as formas de mudança política estrutural (anticapitalistas ou não), que escapem ao controle direto ou indireto das classes possuidoras e de suas elites dirigentes.

A delimitação empírica do fascismo, no contexto histórico dos países latino-americanos, é em si mesma uma tarefa muito complicada. O baixo nível de autonomia da ordem política impede, em toda a parte, a eclosão das formas extremas do fascismo. No entanto, nessa mesma condição se acha a raiz da extrema difusão de traços e tendências fascistoides e especificamente fascistas, em diferentes tipos de composições do poder (embora, com frequência, o elemento propriamente fascista apareça como uma conexão política seja de uma dominação autocrática de classe, seja do Estado burguês autocrático).

Nesse sentido, poder-se-ia afirmar que condições e processos externos à ordem política possuem uma relação funcional e causal com a proliferação tanto de manifestações embrionárias, quanto de variedades "maduras" de fascismo. Considerando-se os 20 países latino-americanos em conjunto, a contemporaneidade de situações históricas não coetâneas revela um fenômeno chocante. Alguns países estão enfrentando situações estruturalmente similares àquelas em que emergiram os Estados-nações ou, ainda, àquelas em que uma limitada integração nacional foi alcançada sob a dominação oligárquica-tradicional. Outros países estão enfrentando os dilemas presentes do capitalismo dependente em um período de "avanço industrial", de reincorporação às economias capitalistas centrais e de tensão, com burguesias incapazes de preencher todos os seus papéis históricos como agentes de uma revolução nacional. Como casos típicos de cada uma dessas três instâncias seria possível mencionar o Haiti, o Paraguai e o Brasil (ou a Argentina). No primeiro caso, a maximização de interesses, valores e estilo de vida dos setores dominantes prevalece de acordo com uma orientação extremamente particularista e tradicionalista (a despeito do aparato moderno de uma ditadura totalitária). Esses setores se opõem, a um tempo, seja a uma comunidade de poder político entre iguais (o que poderia conduzir a uma transição para uma forma de dominação oligárquica), seja à participação social das massas (a qual poderia implicar algum grau de democratização política). Em consequência, a persistência do *statu quo* depende de uma forma específica de despotismo, pela qual um *caudilho* (ou um déspota) se torna instrumental para o controle de estruturas de poder políticas e do governo pelos setores sociais dominantes. No segundo caso, os setores dominantes são organizados como uma oligarquia tradicional, capaz de proteger seus interesses, valores e estilo de vida através de um controle rígido do poder político e do governo. Eles restringem a participação social e se opõem à emergência de uma democracia de participação ampliada (vista como uma ameaça ao *statu quo*). O terceiro caso é mais complexo. Os setores dominantes são diversificados e enfrentam clivagens internas, vinculadas a polarizações de conflitos nacionais e à dominação imperialista externa. Mas eles dispõem de condições para estabelecer, graças a composições civil-militares, uma política conservadora-reacionária e para impô-la como uma articulação da hegemonia burguesa (abrangendo agentes internos e externos, com seus respectivos interesses e orientações de valores). Isso quer dizer: controle plutocrático do Estado e do governo, acima ou mediante processos politicamente legítimos, e a preservação do *statu quo* através da violência institucionalizada e organizada (para manter a distorção permanente da democracia com participação ampliada e para impedir qualquer transição mais ou menos rápida mesmo para uma "democracia competitiva").

Nesses três casos, condições e processos externos à ordem política determinam a reorganização do espaço político, com as funções correlatas e os usos livres que lhe são atribuídos. Entretanto, nos três casos é evidente que a ordem política predominante subsiste sob intensa e permanente compressão ("legítima", segundo a concepção dominante, para a qual os privilégios são "naturais", "úteis" e "necessários"; e dinamizada por uma compulsão totalitária dos próprios setores privilegiados). A natureza desse processo político tem diferentes significados e implicações estruturais variáveis em cada caso. Não obstante, ele envolve um dinamismo político que é universal e fundamental. Em todos os três casos a ordem política é adaptada às condições demográficas, econômicas, culturais e políticas em mudança e a adaptação sempre possui a mesma função básica: a reconfiguração da ordem política para estabelecer novas posições de força, bastante fortes para garantir a continuidade ou o aperfeiçoamento dos privilégios e o controle estável do poder (em todas as suas formas) a partir de cima.

Se considerarmos apenas o que ocorre com a ordem política, dois processos políticos concomitantes poderiam ser identificados empiricamente. Primeiro, o enfraquecimento da ordem política como uma fonte de dinamismos comunitários e societários de "integração nacional" e de "revolução nacional". Segundo, o uso estratégico do espaço político para ajustar o Estado e o governo a uma concepção nitidamente totalitária de utilização do poder. Na medida em que a ordem política é enfraquecida, ela não pode gerar as forças políticas requeridas quer pelos usos do poder supostos "normais" na ordem legal existente, quer para ser a fonte de mudanças econômicas, socioculturais e políticas "progressivas". O que significa que o que é pressuposto ou implícito transcende à preservação do *status quo*. A ordem política, estabelecida institucionalmente (em todos os casos) como sendo "democrática", "republicana" e "constitucional", é permanentemente distorcida por e através de objetivos totalitários dos setores sociais dominantes. E as transições políticas, do "despotismo" para a "democracia restrita", da "democracia restrita" para a "democracia ampliada", ou da "democracia ampliada" para a "democracia competitiva", são sempre solapadas, bloqueadas e postergadas. Em consequência, "integração nacional" e "revolução nacional" (em termos da ordem legal existente) tornam-se impossíveis. Na medida em que o uso estratégico do espaço político é organizado e dirigido conforme uma concepção totalitária da utilização do poder, o Estado e o governo, na prática, são projetados em uma tendência intensa e permanente de fascistização (em todos os níveis das funções e dos processos de decisão em que o Estado e o governo se achem envolvidos). Portanto, um totalitarismo de classe produz seu próprio tipo de fascismo, que é difuso (e não sistemático), que é fluido (e não concentrado), em suma, um fascismo que tem seu nexo especificamente político *dentro do Estado e do governo*, mas que impregna socialmente todas as estruturas de poder *no seio da sociedade*.

A falta de elaboração ideológica e de uma tecnologia organizatória (como movimentos de massas; mobilização dos "setores baixos" — ou pelo menos dos *Lumpen* e da pequena burguesia; um partido; associações controladas pelo partido e reguladas pelo Estado — com exceção dos sindicatos; símbolos compartilhados; liderança carismática definida em termos "nacionalistas" e do "caráter sagrado do patriotismo" etc.) não indica ausência de fascismo. Mas constitui uma evidência histórico-cultural de uma forma particular de fascismo (não somente *potencial*), no qual esses requisitos da fascistização das estruturas de poder, do Estado e do governo não necessitam seja uma intensa elaboração ideológica, seja uma tecnologia organizatória própria. O caráter fascista das ações e processos políticos não se funda somente na contradição entre o uso institucionalizado da violência para negar os direitos e garantias sociais estabelecidos e as imposições *"universais"* da ordem legal; mas na existência de uma ordem constitucional que é menos que simbólica ou ritual, pois só tem validade para a autodefesa, o fortalecimento e a predominância dos "mais iguais" (ou os privilegiados). Por conseguinte, ele se corporifica e atualiza cotidianamente na conexão política, reproduzida constantemente, entre o totalitarismo de classe, a "salvação nacional" (ou "defesa da ordem") por meios autocráticos, reacionários e violentos, e a "revolução institucional" (ou seja, a dupla ação contrarrevolucionária, que se desdobra simultaneamente, de fato contra a *democracia*, nominalmente, contra o *comunismo*). Nesse sentido, o elemento essencial das ações e processos políticos parece ser a contrarrevolução, que afirma a totalidade por sua negação, isto é, uma "unidade" e uma "segurança" da Nação que não passam de uma unidade e segurança dos interesses, valores e estilo de vida das classes dominantes, bem como do seu *reflexo* na concepção totalitária da onipotência de tais classes. Por isso, numa situação-limite, de crise e de tensão extremas, a hegemonia social das *grandes famílias*, ou da *oligarquia*, ou da *burguesia* é imposta pelo reverso da sua normalidade (o que inverte a relação das grandes famílias, da oligarquia e da burguesia com a ordem legal que elas apoiam). Aqui se acha uma combinação ultracontraditória de extremos, uma racionalidade que é irracional, uma defesa que é uma destruição, uma solução que elimina as transições normais e intensifica as potencialidades revolucionárias de crise.[5]

De outro lado, a falta de elaboração ideológica e de técnicas organizatórias específicas é um produto da espécie de controle das forças econômicas, socioculturais e políticas conseguido pela minoria privilegiada, poderosa e atuante através do totalitarismo de classe, pois aquela minoria pode, graças à extrema concentração da riqueza e do poder, usar de modo direto e permanente a violência institucional objetivada, legitimada e monopolizada pelo Estado. Se a ordem civil é *fraca*, como acontece por motivos diferentes nos

5. Se consideramos a queda de Batista e o colapso do capitalismo em Cuba, esta não vem a ser uma simples suposição.

países tomados como ponto de referência, a ausência de oposição organizada ou de oposição organizada bastante eficiente, o caráter ocasional e a impotência relativa da resistência cívica permitem quer fascistizar certas funções essenciais e estratégicas do Estado (sem tocar em outras condições, estruturas e funções), quer atingir uma rápida fascistização de tais funções do Estado (e mesmo de todo o Estado) se as circunstâncias o exigirem. As "aparências" são mantidas; a relação entre meios e fins políticos é que se altera, para dar lugar a controles políticos que colocam a mudança, a "defesa da ordem" e o esmagamento de toda e qualquer oposição sob o arbítrio das minorias dominantes e privilegiadas. A constituição e os códigos se mantêm, porém eles só *permanecem funcionais* para aquelas minorias e, se for imperativo, recebem inovações que neutralizam suas garantias políticas e legais, de acordo com algum modelo da "democracia autoritária", "corporativa" e "nacional" (usualmente, a influência dos regimes franquista e salazarista é mais forte que a do nazismo alemão ou do fascismo italiano). A liberdade é preservada, nesses termos, como identificação ideal, consentimento e apatia. Outros traços do fascismo são evidentes em diferentes níveis da mente humana e do comportamento individual ou coletivo. Em todos os três países (ou quatro, incluindo-se a Argentina), a persuasão direta, a violência organizada e institucional, o terror ocasional ou sistemático são aplicados através de vários meios. O controle da comunicação de massa, eleições rituais, parlamentos simbólicos, opressão e neutralização da oposição, extinção dos dissidentes etc. constituem uma rotina supervisionada pelo aparato repressivo do Estado. Também o controle central da economia, da educação, do movimento operário e dos sindicatos, das greves operárias e estudantis, da desobediência civil etc., com a aplicação calculada da polícia, das forças armadas e do aparelho judiciário, são feitos nos limites necessários —, e com notável *flexibilidade* — com vistas à reprodução das orientações totalitárias das classes dominantes e à capitulação ou à submissão dos *opositores renitentes* às imposições fascistas do governo. Supõe-se que existe uma separação entre Estado e sociedade, porém ela é pouco clara na prática, em consequência da rígida combinação de monopólio econômico, social e político do controle do Estado e de suas funções estratégicas pelas classes dominantes e suas elites dirigentes. Não obstante, no Haiti, Duvalier poderia dizer: *"l'État c'est moi"*. Isso seria menos aceitável por parte da *entourage* e dos partidários de Stroessner; é impossível no Brasil ou na Argentina. Pois nos últimos casos o poder está investido ou em uma oligarquia ou em uma plutocracia, prevalecendo condições que reduzem ou anulam o despotismo pessoal (inclusive, que excluem a vinculação entre fascismo, manipulação demagógica das massas e absorção dos proventos políticos pelo "líder carismático"). Outra variável importante está ligada à polícia e aos controles militares ou "legais". Um terror paroxísmico, como o que prevalece no Haiti, dispensa uma efetiva militarização institucional das estruturas e funções do Estado. O mesmo ocorre quando o totalitarismo de classe surge em combinação com os mecanismos políticos da *oligarquia tradicional*, pois basta o velho tipo de ditadura militar para desencadear o grau necessário de fascismo através do poder político estatal. Entretanto, a articulação do totalitarismo de classe com a *pluto-*

cracia moderna (na qual entram burguesias locais pró-imperialistas e dominação externa imperialista) requer um alto nível não só de militarização, mas também de tecnocratização das estruturas e funções do Estado. Não importa quem seja o "presidente" — um civil, como no Equador; ou um militar, como no Brasil e na Argentina —, o essencial é *como* controlar uma "sociedade de massas" (seria melhor dizer: uma sociedade de classes em expansão e muito desequilibrada) relativamente diferenciada e politicizada. Aquilo que Friedrich e Brzezinski chamam, graças a um eufemismo grosseiro, de "visão técnica" da ditadura moderna, dominada e gerida por uma plutocracia, pressupõe um *"mínimo de fascismo"*, numa escala que suplanta o que existiu e se fez necessário na Espanha de Franco e em Portugal de Salazar.

Esta descrição é demasiado sucinta. No entanto, ela parte de e desemboca em "acontecimentos quentes", no presente em processo. Por isso, pelo menos a "natureza empírica" das principais tendências da manifestação típica (e específica) do fascismo na América Latina de hoje foi posta em relevo. Agora, seria preciso considerar outras questões, que se colocam a partir do passado ou do futuro.

Com referência ao passado, três questões merecem atenção, neste resumo. Os traços e as tendências realmente pré-fascistas (e não de um mero fascismo potencial, noção muito vaga e que não leva a nada) do totalitarismo de classe. A manifestação de movimentos fascistas moldados por paradigmas europeus plenamente desenvolvidos e seu malogro. As potencialidades fascistas da demagogia, do populismo, do sistema de partido único (ou de partido oficial). Como um componente persistente, também seria necessário apontar a contribuição estrutural e dinâmica da nova tendência de incorporação de países da América Latina ao espaço econômico, sociocultural e político das nações capitalistas hegemônicas e, principalmente, de sua superpotência, os EUA.

Seria aconselhável começar por uma digressão sobre este último tema. O despotismo como a oligarquia sempre foram vistos como facilmente acessíveis à manipulação externa. Todavia, os regimes de despotismo e de oligarquia (através da ditadura pessoal ou da democracia restrita) possuíam estabilidade econômica, social e política ou dispunham de um "excedente automático de poder arbitrário" para controlar a mudança na direção de novos regimes políticos, o que os equipava com recursos policial-militares, "legais" e políticos para atender aos *interesses estrangeiros* sem precisarem recorrer a uma extrema rigidez política ou à fascistização saliente de certas estruturas e funções do Estado. Portanto, a segurança de tais interesses, em termos econômicos tanto quanto políticos, podia ser garantida de modo espontâneo mas eficiente dentro dos marcos "normais" de exacerbação dos elementos autoritários inerentes à ordem estabelecida. Por isso, a influência externa só se torna intrínseca e crescentemente fascistoide e fascista por volta dos anos 1930 e depois, época em que aqueles regimes políticos começam a falhar seja na preservação e na reprodução do *statu quo*, seja na seleção e no controle indireto da mudança política, seja no fornecimento do "volume de segurança" exigido pelos parceiros externos e pela dominação imperialista. Então, de maneira generalizada, ocorrem fraturas no equilíbrio político, o qual deixa de ser "automático", já que a "reserva de poder arbitrário" disponível defrontou-se com pressões definidas (não importa quão "fracas" ou "fortes" elas chegaram a ser) no sentido da democratização. Nesse contexto, em contraste com os países "mais subdesenvolvidos", os países que já dispunham de um mercado nacional (ou em integração nacional) e tentavam industrializar-se mais ou menos rapidamente descobriram a impotência relativa de suas burguesias e a impossibilidade de fundar na hegemonia burguesa qualquer controle viável do *status quo*. A implantação de uma democracia burguesa de participação ampliada (com a "ordem legal democrática" correspondente) ou não passava de uma miragem (o que ocorreu no Brasil) ou acarretava crises convulsivas, sem perspectivas de solução a curto e a médio prazos (o que arruinou a dianteira que a Argentina logrou obter no funcionamento de instituições democráticas). É claro que a importância relativa de componentes externos no padrão de hegemonia burguesa variou de país a país. Em toda a parte, contudo, a presença estrangeira foi física, volumosa e direta: pessoas e grupos de pessoas ativas, em todos os planos da vida econômica, social, cultural e política, com papéis complexos nos processos vitais de tomada de decisões na organização da hegemonia burguesa e na própria atuação do Estado. E em toda a parte tais componentes alargavam ou aprofundavam a participação direta de pessoas, grupos de pessoas, empresas ou organizações estrangeiras no espaço político interno, o que "transferiu para fora" muitos centros de poder aparentemente "nacionais" ou "controlados pelas burguesias nacionais".

Dessa perspectiva, o desenvolvimento capitalista associado e dependente criou o seu próprio padrão de articulação política aos níveis continental e mundial: a capacidade adquirida pela dominação externa imperialista de deprimir e distorcer a ordem política tornou-se única, permitindo às nações capitalistas hegemônicas e à sua superpotência, graças a e através de vários tipos de instituições (além da diplomacia), maximizar interesses econômicos ou objetivos políticos e militares, bem como controlar à distância um amplo processo de modernização acelerada. O que importa assinalar são dois fatos mais conhecidos. De um lado, nos períodos de crises e tensões, nos quais os diferentes sistemas políticos mencionados exigiam mudanças políticas estruturais, os "interesses estrangeiros" inclinaram-se para a direita e a contrarrevolução, reforçando as tendências naturais das elites no poder a sufocarem as "ameaças de anarquia" com mão de ferro (o anseio de "combate ao comunismo" fazia com que *qualquer preço* fosse aceitável e com que várias ondas de fascistização do poder estatal recebessem acolhida simpática ou calorosa). A natureza política de semelhante articulação pode ser analisada convenientemente seja através de regimes títeres, como o de Batista, em Cuba, seja através das ditaduras militares "salvadoras", "institucionalizadas", como as que chegaram ao poder no Brasil e na Argentina. De outro lado, o contexto histórico da *guerra fria* consolidava e generalizava essas tendências. O essencial consistia em impedir que as *fases críticas* da modernização oferecessem alternativas a grupos nacionalistas revolucionários ou ao "movimento comunista mundial". *"Evitar novas Cubas"*, mas, na verdade, tornar a periferia "segura" e "estável" para o capitalismo monopolista vinha a ser o alvo central desse padrão compósito (internacionalizado e imperializado) de dominação burguesa e de poder político burguês. A confluência desses processos imprimia às burguesias dependentes e impotentes da América Latina um papel ativo e considerável na contrarrevolução capitalista e no "cerco ao comunismo", ambos de âmbito mundial, e acarretava, como contrapartida, uma clara intensificação das tendências à fascistização do Estado, apoiadas em assessoria policial-militar e política, em recursos materiais ou humanos e em estratégias vindas de fora (como parte da "modernização global"). Tudo isso indica que esse "curso negro da história" não é de curta duração. Ele se vincula a um padrão de articulação política necessária entre o *centro* e a *periferia* do mundo capitalista. A probabilidade (ou a improbabilidade) de eliminá-lo passa pelo "nacionalismo revolucionário" ou pelo "socialismo revolucionário", duas realidades que escasseiam em um cenário histórico esclerosado por burguesias nacionais fortemente pró-imperialistas e esterilizado direta ou indiretamente pelas próprias pressões imperialistas.

As tendências e processos pré-fascistas estavam naturalmente ligados ao que M. Weber caracterizou como ética dual: sob uma dominação autocrática (ao mesmo tempo "tradicional" e "racional" ou burocrática), os setores sociais dominantes tiraram um proveito devastador da dualidade ética (já que os outros eram a *gentinha sem valia*). Por causa disso, há uma longa tradição de fascismo potencial na América Latina. Quando o fascismo aparece como realidade histórica, ele já encontra dentro da ordem constitucional e legal, sancionado pelos "costumes" e pelas "leis", um quase-fascismo operando como força social (e portanto como uma força política indireta). Esse quase-fascismo se ocultava por trás da monopolização do poder (em geral) e da monopolização do poder político estatal (em particular), pelas minorias possuidoras, privilegiadas e dirigentes. E foi ele que barrou as tentativas mais definidas de absorver o fascismo diferenciado, organizado e específico, porque o tornava um fator de reforço ou meramente suplementar. Muitos observadores puseram em relevo a peculiaridade do *presidencialismo* em países da América Latina, que faz do "Senhor Presidente" um ditador despótico, com traços mandonistas e autoritários próprios. Aqui, não seria demais lembrar outros aspectos do mesmo contexto que têm significação análoga. O nível extremo de centralização dos processos de tomada de decisões, a preponderância fatal do executivo e a vigência na prática de uma "ditadura legal" (ou legitimada apenas pela minoria que compõe a sociedade civil) alimentam uma enorme facilidade de usar o aparato normal da *democracia burguesa* como se ele fosse um Estado de exceção ou de passar-se rapidamente, através de "leis de emergência", para o estado de sítio, a ditadura redentora e o Estado de exceção caracterizado como tal. É óbvio que semelhantes medidas só aparecem na crista de crises — mas qualquer crise parece o "fim do mundo" para quem usa uma ótica autocrática e obscurantista. De qualquer modo, a orientação pré-fascista restringia a necessidade e o recurso às "medidas de exceção" às situações nas quais a violência armazenada institucionalmente se revelasse demasiado débil para "as exigências da situação". Além disso, mesmo os países menos diferenciados possuem uma sociedade civil em que interesses ou valores antagônicos da estratificação em classes atingem os setores dominantes. Daí resultam duas coisas. Primeiro, grupos completamente (ou apenas parcialmente) integrados à sociedade civil (e portanto à ordem legal) são capazes de usar o espaço político tanto para apoiarem quanto para se oporem à continuidade do *status quo*. Segundo, esses grupos podem canalizar as forças políticas existentes, fazer alianças "para baixo" e mesmo polarizar certas tensões perigosas seja para preservar ou fortalecer seja para transformar ou subverter a ordem política e legal. Os traços e tendências pré-fascistas somente se convertem em forças políticas efetivas quando esse tipo de polarização não pode ser resolvido por "acordos entre cavalheiros" e "dentro da ordem", *civilizadamente*! Nessa elaboração peculiar é que se prende a forte predisposição elitista de localizar a fascistização *dentro do Estado*, ou, melhor, nas estruturas e funções do Estado que podem servir com maior rapidez, especificidade e eficácia quer para controlar a "revolução pelos costumes" e a "transformação da ordem", quer para impedir ou congelar a "revolução contra a ordem".

Alguns movimentos fascistas emergiram na América Latina e são por demais conhecidos para ser necessário redescrevê-los aqui. Eles estão vinculados à irrupção e à evolução do fascismo na Europa, bem como à influência que ele exerceu sobre tendências direitistas e ultradireitistas latino-americanas. Alguns movimentos também chegaram a adquirir suporte de massa e tentaram seguir os modelos da Itália ou da Alemanha no que concerne à ideologia, à organização, à liderança, à propaganda, à propensão para o golpe de Estado etc. Em poucas instâncias, como ocorreu na Bolívia, assumiram o caráter de um nacionalismo revolucionário direitista: em outras, como sucedeu na Argentina e no Brasil, penetraram a fundo a atuação de líderes demagógicos, deram origem a *falsos pactos sociais* de "grupos progressistas" da burguesia com as massas populares e serviram para produzir seja a domesticação dos sindicatos e a deturpação do movimento sindical, seja a fragmentação política da classe operária. Não obstante, dada a situação latino-americana, esses movimentos fascistas não contavam com espaço econômico, ideológico e político para crescerem e difundirem-se. De fato, o fascismo tinha de competir com o totalitarismo de classe, um equivalente rudimentar mas eficaz e menos arriscado. Ele permitia atingir os mesmos fins de autoproteção das classes dominantes e de fortalecimento da resistência à democracia de participação ampliada ou à revolução socialista, sem que fosse preciso ceder às pressões das massas populares ou aos arranjos de setores das elites *mais ou menos progressistas e radicais*. O próprio presidencialismo e a forma tradicional de ditadura simples continham um potencial de fascistização limitada da "ação do governo" na defesa da ordem existente tido como suficiente pelas classes privilegiadas e suas elites econômicas ou políticas. O principal vinha a ser manter os pobres e as "pressões de baixo para cima" sufocados, inertes, impotentes. A doutrinação ideológica e a mobilização de massas de um movimento fascista real poderia quebrar essa acomodação tão cultivada. O pseudossocialismo e o pseudossindicalismo dos movimentos fascistas surgiam como ameaças explosivas em um contexto histórico onde o nacionalismo poderia converter-se, facilmente, em um barril de pólvora e em fator revolucionário. Além disso, o polo radical de um movimento fascista central não pode ser contido facilmente e pode transformar-se, na própria oscilação dos contrários, no seu oposto (o que se exemplifica: na Bolívia, a ala esquerdista do MNR logrou impor sua preponderância). Todas essas ressalvas não escondem um ganho líquido dos setores mais conservadores e reacionários das classes dominantes. Foi graças aos movimentos fascistas que falharam e foram absorvidos ou superados que se deu a socialização política de várias figuras e grupos "inquietos", "radicais" ou "rebeldes". No presente, essas figuras e grupos voltam à cena política, preparados para *guiar* a guinada contrarrevolucionária da burguesia. Como militares ou civis eles sabiam como e onde preparar e reforçar a fascistização das estruturas e funções do Estado, utilizando a "revolução institucional" como expediente para montar o *máximo de fascismo* que é compatível com as circunstâncias. Além disso, muitas distorções introduzidas graças às influências diretas daqueles movimentos fascistas ficaram. Exemplificando-se através do Brasil: as várias medidas legais, que submetem os sindicatos à tutela governamental e, através desta, aos interesses empresariais e ao padrão de *paz social* da burguesia. A pressão corretiva do movimento sindical e operário nunca foi capaz, a esse e a outros respeitos, de reverter a situação histórica. O que confere às classes dominantes uma vantagem estratégica adicional, especificamente *política e legal*, na confrontação com as massas populares e na debilitação sistemática (ou mesmo na corrupção) da principal *força motriz* de qualquer transição democrática.

Um viés elitista, reforçado por um ponto de vista "liberal" de procedência externa, impôs uma avaliação negativa da demagogia, do populismo, do sistema de partido único (ou de partido oficial), realidades sempre descritas como possuindo um caráter ou uma orientação fascista. Isso é verdadeiro em vários casos e poderia ser compreendido à luz das potencialidades do pré-fascismo mencionado acima. No entanto, existem outros casos nos quais o demagogo, o populismo, o sistema de partido único (ou de partido oficial) desempenharam uma função bem distinta: 1°) canalizando ou tentando criar condições favoráveis a uma "revolução dentro da ordem"; 2°) convertendo-se em uma fonte de mobilização social e semipolítica dos pobres, das massas destituídas de garantias civis e políticas, dos setores rebeldes das classes baixas, médias e altas. Como as massas populares e os radicais não dispõem de um espaço político para ser usado por uma verdadeira oposição *contra* a ordem, não existe uma situação objetiva favorável para que eles desencadeiem uma *revolução democrática* (qualquer que seja o seu teor). Ainda assim, a passagem de controles repressivos conservadores e reacionários (inerentes à ordem pré-existente e ao Estado presidencialista) para controles que derivam de estruturas e funções do Estado que foram submetidas a uma fascistização localizada demonstra que houve uma oscilação na história. Esses fatos sugerem algo claro para o sociólogo. A revolução democrática *difícil* acabou despontando e assumindo os contornos de uma ameaça real. Nos seus zigue-zagues, a revolução burguesa em atraso bateu em várias portas, algumas certas, outras erradas. Até que a burguesia nacional, o Estado e as multinacionais formassem um tripé, esses zigue-zagues abriram caminhos confusos. O certo é que o novo patamar procura eliminar *toda* a demagogia, *todo* o populismo e *todo* o compromisso do sistema de partido único (ou de partido oficial) com a *revolução nacional*. Esta precisa ser abafada no altar da "aceleração do desenvolvimento" e da "estabilidade política". Tudo isso sublinha que algumas manifestações populares, radicais e de integração nacional são incômodas em si mesmas, independentemente da vinculação ocasional de certas tendências ou dados movimentos com traços ou propensões fascistas. E, em segundo lugar, demonstra que a fascistização localizada de certas áreas do aparelho do Estado tem a sua própria lógica política. Ela repele qualquer "transição democrática" e é incompatível com uma "revolução democrática efetiva". Sua função política real consiste em manter viva a contrarrevolução *por todo e qualquer meio possível*. O que mostra que essa *fascistização sem fascismo* é muito perigosa. E isso não porque ela dá margem à dissimulação e à ambiguidade. Mas porque esse fascismo oculto e mascarado fomenta a guerra civil a frio e é capaz de passar do Estado de exceção para a "normalidade constitucional" sem permitir que se destrua o elemento autocrático que converte o Estado no bastião da contrarrevolução. Ele não só bloqueia a "transformação democrática da ordem". Ele impede a revolução democrática, prendendo a história da América Latina a um passado que deveria estar morto e que foi ressuscitado pelas forças da modernização dependente e controlada à distância.

Em suma, não alimentamos a ilusão de que o fascismo é um fenômeno extinto. No presente, não só as sociedades industriais avançadas do "mundo ocidental" estão prontas para ele, como vão além. Destituíram o fascismo dos elementos rituais, ideológicos e orgiásticos que punham lado a lado o "heroico" e o "vulgar", a "elite" e a "massa". Uma extrema racionalização conduziu-o a uma metamorfose: hoje, ele é parte das tecno estruturas civis e militares da sociedade capitalista. Ele perdeu saliência, mas não perdeu seu caráter instrumental para a defesa do capitalismo e da crise da civilização industrial capitalista. A América Latina foi toda ela envolvida nessa tendência, porém como "periferia". Não que a tragédia do centro venha a ser a comédia da periferia. Ao contrário, a realidade melancólica do centro se converte numa realidade suja da periferia. É aí que nos encontramos com o *sentido histórico* de uma "defesa da ordem" e com uma "defesa da estabilidade política" que obscurece, ignora ou sufoca pela violência institucional a única via de liberação e redenção que se abre para a grande maioria silenciosa na América Latina.

Não obstante, seria aconselhável distinguir as possibilidades que essa cena histórica condiciona. Uma, liga-se à persistência do tipo de fascismo descrito neste trabalho. As crises políticas com que se defrontam os países latino-americanos são *crises estruturais*. Por causa disso, na medida em que os setores sociais dominantes se mostrarem capazes de preservar o monopólio social do poder e do poder político estatal, o totalitarismo de classe (com suas implicações políticas) continuará a ser um processo histórico-social repetitivo. De outro lado, onde quer que o estágio da revolução industrial seja atingido como uma modernização e uma transição controladas de fora (isto é, sob o capitalismo associado e dependente), a militarização e a tecnocratização das estruturas e funções do Estado terão de crescer e, com elas, surgirão novas tendências de fascistização generalizada (em outras palavras, a fascistização localizada cederá lugar a uma fascistização global: o que ocorre hoje com o Estado e começa a acontecer com a grande empresa corporativa irá suceder com todas as instituições-chaves, em todos os níveis de organização da sociedade). De acordo com o padrão recebido dos centros externos de irradiação do processo, porém, essa fascistização global terá pouca saliência. Na era atual, sob o capitalismo monopolista já se aprendeu "o que era útil sob o fascismo", os riscos que se devem evitar e como operar uma fascistização silenciosa e dissimulada, mas altamente "racional" e "eficaz", além de compatibilizável com a *democracia forte*. Finalmente, como reação de autodefesa contra a democratização, as variedades radical-populares de democracia e a revolução socialista — ainda o fantasma da "ameaça comunista", de "novas Cubas" etc. — é possível que essa tendência adquira, muito mais cedo do que se pensa, dimensões mais ostensivas, agressivas e "dinâmicas", com uma nova reelaboração do elemento ideológico ou organizatório e da manipulação das massas. Essas perspectivas são sombrias. Nas condições em que realizam a transição para o capitalismo industrial, sob o famoso tripé — burguesia nacional, Estado e multinacionais, com imperialização total de seus centros de poder e de decisões — os países latino-americanos não estão apenas diante da opção: ou "*democracia pluralista*" ou "*socialismo*". Na verdade, tendo-se em vista o pano de fundo descrito, a emergência de um novo tipo de fascismo poderá estar articulada à transformação da "democracia pluralista" na cidadela da contrarrevolução mundial. Estaríamos diante de uma recuperação do "modelo extremo" ou "radical" herdado do fascismo europeu (isto é da Alemanha e da Itália)? Mesmo que isso ocorresse, o ponto fundamental seria outro. O fascismo central e específico apareceria modificado pelas novas potencialidades da terceira revolução tecnológica. Ele seria muito mais perigoso e destrutivo. E o único caminho para salvar-se a autêntica revolução democrática seria o oferecido pelo socialismo puro e convicto — o socialismo que pretende eliminar o Estado através da democracia *de toda a população* para *toda a população.*

Em resumo, o conceito de fascismo continua a ser relevante nas ciências sociais e, em particular, é importante para o estudo da América Latina contemporânea. Ele é útil para caracterizar, empiricamente, um tipo de fascismo que tem sido negligenciado pelos cientistas políticos. E é necessário para uma melhor compreensão dos limites entre um padrão normal de governo autoritário, sob o presidencialismo, e a extrema distorção que está afetando a presente ordem política. Ele também é frutífero para qualificar fatores e forças que operam em favor ou contra a "integração nacional", a "revolução nacional", a "democracia" e o "socialismo". Ele é estimulante para a análise prospectiva, pois permite situar a provável atividade de fatores e forças que estão por trás da luta que se trava em nossos dias pelo controle do futuro dos países latino-americanos. Porém, como essas realidades estão em movimento, em transformação, corremos o risco de combater uma forma de fascismo enquanto outra pior está tomando corpo e se expandindo. O que mostra que o conceito não importa apenas aos cientistas sociais. Ele é essencial para todos os seres humanos que estão engajados no combate sem tréguas pela supressão das realidades conceituadas como fascismo, em suas modalidades do passado, do presente e possivelmente do futuro. A questão não se reduz à "sobrevivência com liberdade". Trata-se de saber se o homem será senhor ou escravo da *civilização industrial moderna,* com todas as perspectivas que ela abre ou para a destruição da humanidade ou para a igualdade e a fraternidade entre todos os seres humanos.

NOTA SUPLEMENTAR

Elaborado há tempo, este ensaio não apanha evoluções posteriores da forma política do fascismo na América Latina. Em outras condições, o pinochetismo seria o ponto de referência pacífico de ilustração de sua manifestação mais complexa e, ao mesmo tempo, mais *forte e rica,* que ocorreu no Chile depois da derrocada do Governo Allende.

No entanto, quando o livro já se encontrava em avançado estágio de produção editorial, deparei com um excelente artigo de Newton Carlos, publicado pela *Folha de S. Paulo.*[6] Nele, Newton Carlos salienta o temor que uma das correntes do regime implantado no Chile e "aprimorado" graças ao ardil de um plebiscito ritual sente diante das perspectivas de uma ampla "mobilização popular". Trata-se de uma questão essencial para a caracterização que desenvolvi do fascismo, em sua irradiação latino-americana; essa parte do artigo de Newton Carlos traz, é claro, uma comprovação decisiva para um dos pontos centrais daquele trabalho. Por isso, tomei a liberdade de transcrever o artigo na íntegra, poupando assim ao leitor a necessidade de uma busca própria.

---

6. Folha de S. Paulo, 14 de abril de 1981.

As ditaduras tentam criar "bases civis"
Por Newton Carlos

Além de "institucionalizar-se", como no Chile, as ditaduras do Cone Sul pensam em modelos de "participação", tipo "Movimento de Opinião Nacional", por meio do qual o general Viola sonha criar as "bases civis" do regime militar argentino. Mas é no Chile que anda mais rápido e com mais eficiência o desenvolvimento de modelos. A montagem de um "Movimento Cívico--Militar", anunciada pelo general Pinochet em setembro do ano passado, é acelerada com o início do período "constitucional" de oito anos, definido como etapa de transição a uma democracia protegida, tecnificada, conduzida por técnicos e não políticos.
Essa aceleração não é ostensiva, não se fala em movimentos ou mobilização de caráter político. Aparentemente se trata de uma operação municipalista, do fortalecimento da "célula municipal" sob controle direto do poder central. A ideia é colocar as Prefeituras à frente de ampla engrenagem "participacionista", cujas peças se juntariam num movimento cívico-militar de apoio ao regime. Essa operação foi lançada logo depois da posse de Pinochet como presidente "constitucional".

Operação

Embora se diga investido "constitucionalmente", na Presidência, por força da nova Constituição "aprovada" em plebiscito no ano passado, Pinochet prorrogou o estado de emergência; estão funcionando no Chile tribunais de guerra, continuam as prisões "ilegais", o desterro e a tortura. Um conhecido ator e diretor, com peça em cartaz, Fernando Gallardo, foi preso pela CNI, Central Nacional de Informações, que vai alcançando os mesmos níveis de brutalidade repressiva de sua antecessora, a Dina. Será este o tipo de regime "moderadamente repressivo", dito como tolerável, desde que amigo, por Jeane Kirkpatrick, um dos latino-americanistas de Reagan? Pinochet foi convidado por Reagan a visitar Washington, onde já esteve o general Viola, da Argentina. Reagan suspendeu as sanções econômicas contra o Chile, decretadas por Carter em represália à impunidade dos mandatos e executantes do assassinato em Washington de um ex-ministro chileno, Orlando Letelier.

Relaxadas as pressões externas e apertados os controles internos, Pinochet parte para a grande operação "cívica". Observem com atenção o que acontece nos municípios chilenos, é o recado da oposição. O mapa municipal do Chile foi alterado por decreto, com a criação de novas "células" que ajudarão a dar vida ao "movimento cívico-militar" de Pinochet. Os prefeitos estão encarregados de criar e desenvolver grupos comunais, organizações de bairros, de mães, de "pobladores", favelados. O pinochetismo investe sobre setores urbanos, no passado em grande parte responsáveis pela força da Democracia-Cristã, do ex-presidente Eduardo Frei. Para enfrentar a esquerda com o controle dos sindicatos, o PDC tratou de organizar as populações marginalizadas das cidades. Pinochet vai mais a fundo nessa estratégia, transformando as prefeituras em cabeças da montagem de um amplo movimento "cívico" de apoio ao regime militar.

Luta

A oposição chilena, toda fragmentada, empunhando diferentes opções, se vê ainda mais acuada. O próprio regime, no entanto, não está isento de consequências dessa operação. A ideia de uma ditadura com "base social" é defendida pelos setores mais duros do pinochetismo, que querem uma ditadura populista e combatem o atual modelo econômico. Os "moderados" ou "aberturistas", partidários do modelo econômico, vinculados às grandes empresas, querem um governo "autoritário submetido a limitações de poderes, "constitucional", "institucionalizado". Têm medo de que um movimento de massas, estilo franquista, termine se voltando contra eles. Até agora Pinochet tem conseguido manejar as

duas facções, mas os "moderados" já estão de olho para ver o alcance da revolução municipalista.
Quanto à oposição, passa por seus piores momentos. A própria esquerda "histórica", tradicionalmente ajustada ao jogo político, começa a optar pela violência. Outros setores se rendem à sensação de impotência total. O ex-presidente Frei passou a escrever uma coluna de política internacional.

FLORESTAN, O SOCIÓLOGO MILITANTE
ENTREVISTA COM JOSÉ ALBERTINO RODRIGUES

Em seu trabalho *Em busca de uma sociologia crítica e militante*, você se insurge contra a designação "escola paulista de sociologia". Para nós, você foi um grande mestre e um líder intelectual, chefe de uma escola. Como você se situa após a diáspora daquela escola, tendo sido pelo menos seu animador?

Quando falo que não existiu uma escola paulista de sociologia, na verdade não estou contra nada, apenas repudio uma ideia inadequada. Houve uma forte concentração de pessoas trabalhando comigo na cadeira de Sociologia I. Mas não tem sentido dizer que eu fui o chefe de uma escola, porque todos nós produzimos juntos, de modo que seu conceito de animador é melhor do que o de chefe de escola. Acho que essa tentativa de falar de uma escola de sociologia é outra ironia usada um pouco no exterior, dentro de uma tendência das ciências sociais do fim do século XIX e início do século XX. Não se pode ver um trabalho qualquer como produto de uma pessoa de muita influência. Eu nunca me coloquei no papel de um Durkheim, de um Boas ou de um Parsons. De um lado, porque eu não me considero uma pessoa com qualificações para ter um o papel de chefia desse tipo; de outro lado, porque eu nunca pretendi isso.

A minha pretensão, a minha grande aspiração era que a sociologia se transformasse numa ciência empírica, em uma ciência capaz de explorar a pesquisa empírica, sistemática, e, ao mesmo tempo, capaz de construir teorias, principalmente válidas para um país como o Brasil e com vistas à aplicação em uma relação política com a realidade. No conjunto, não havia a ambição de ter um corpo teórico unificado, de fazer com que cada elemento do grupo pensasse dentro daquelas categorias, e que nós praticamente fôssemos uma espécie de grupo de fanáticos. Não, ao contrário. Pode ver que, dentro de nosso grupo, pegando os colaboradores principais, havia, no começo, Renato Jardim Moreira, Fernando Henrique Cardoso, Octávio lanni, Marialice Mencarini Foracchi e Maria Sylvia de Carvalho Franco. Depois é que aparecem Luís Pereira e outros mais. Só nesse grupo inicial já se vê uma variação muito grande, não só de personalidade mas também de preferências. Havia uns que estavam mais identificados com o marxismo na variante de Lukács, havia outros que estavam muito preocupados com a problemática de uma sociologia norte-americana, como era o caso do Renato, que tinha uma grande capacidade de elaboração da técnica de pesquisa de campo. E todo esse pessoal que trabalhava comigo tinha liberdade para seguir os seus caminhos. Portanto, não havia uma escola No momento em que atingíamos um certo pico de maturidade, de organização e de possibilidades, no início da década de 1960, nós já tínhamos um projeto que reunia várias investigações em curso sobre a sociologia brasileira, chamado Economia e sociedade no Brasil. Nós já tínhamos desenvolvido antes um projeto sobre a empresa industrial. Por aí você vê que a discussão entre a sociologia diferencial, ou histórica, e a sociologia empírica, ou descritiva, atinge um nível de relação com aquilo que nós poderíamos fazer, com nosso papel dentro da sociedade brasileira no nível da universidade, no nível da ciência e no nível da relação de todos os programas sociais do país.

Antes de 1964, sua obra era antes de tudo a de um acadêmico, sem deixar de ser um militante. Depois, por força das circunstâncias, você se tornou antes um militante, sem deixar de ser um acadêmico no bom sentido. É possível afinal conciliar as duas posturas?

Na verdade, na formulação da questão você já responde: a relação entre um acadêmico que era militante e, em seguida, a relação de um militante que também é acadêmico. Na realidade, um estava contido no outro. Quando eu ainda era estudante da Universidade de São Paulo, optei politicamente por uma organização de extrema esquerda, um grupo trotskista filiado à IV Internacional. Os operários eram poucos, mas ainda assim o contato com eles me abriu um horizonte novo. No entanto, não pude crescer como intelectual de partido. Meus companheiros me disseram que o grupo não tinha condições de me aproveitar e que era melhor eu pensar na carreira universitária.

Quer dizer, eu sempre fui um militante problemático. Não podia cumprir muitas obrigações para com o grupo, porque tinha primeiro a tese de mestrado, depois a tese de doutorado e as teses interferiam com o meu trabalho político. Mas de qualquer maneira a militância se encerrou e ficou uma aspiração de militância que teve de ser procurada através da universidade e da ligação com os sindicatos, com os movimentos da sociedade. Por essa aspiração eu sempre fui muito ativo na universidade, e ninguém pode dizer que eu não me tenha voltado desde o começo para essa parte. Só que a militância ficou contida. E não tínhamos também partidos capazes de dar uma base institucional ao trabalho do intelectual. Então essa dimensão da militância ficou obliterada, existia mas era complementar — não diria secundária porque investi muito da minha energia nisso.

De qualquer maneira, o militante existia e estava ofuscado pelo universitário; eu me concentrei realmente no trabalho universitário e na pesquisa, na produção teórica e no ensino. Toda a atividade intelectual e política se voltava para determinados fins, fins estes que estavam ligados à possibilidade de uma revolução democrática na sociedade brasileira. Não seria possível fazer a ciência crescer numa sociedade tolhida, numa sociedade tradicionalista de horizonte fechado. Era preciso conquistar espaço histórico para o desenvolvimento da ciência. A segunda ditadura vai me pôr em causa de maneira muito forte porque eu vi que era da universidade que tinha de partir um combate concentrado à ditadura, de maior envergadura. Por isso, me liguei a vários grupos. Comecei um trabalho de conferências em escala nacional, num grande esforço concentrado de luta política individual, sem grandes consequências práticas, muito desgastante, a ponto de ser jogado num consultório médico porque passei a ter problemas de hipertensão muito graves. O médico disse que eu estava me matando e me recomendou dois meses de repouso absoluto. Eu não obedeci, fiz um mês de repouso relativo e depois fiquei fazendo o tratamento que vem até hoje. Então, a reação contra a ditadura foi uma reação violenta, e a tenacidade com que me dediquei a esses papéis, acima de diferenças de grupos, me levou a desenvolver uma relação de conflito com as correntes conservadoras e contra-revolucionárias da sociedade brasileira. Quer dizer que, ainda como universitário, eu estava tendo a possibilidade de soltar o militante, embora sem a proteção de um partido. E a própria universidade não iria me proteger, porque a universidade era profundamente conservadora em termos de composição humana, um centro de interesses dominantes por causa das profissões liberais. Eu me joguei à frente, aproveitando as correntes políticas, às vezes até antagônicas, que combatiam a ditadura.

Então, foi a ditadura que me desafiou, e aí eu verifiquei que não havia sentido em ficar defendendo uma universidade perfeita, uma ciência avançada, independente, dentro de uma sociedade em que tudo é precário. De uma hora para outra, tudo termina, e termina de maneira abrupta, despótica. Os atrasos de vários grupos dominantes na sociedade brasileira se abatem sobre as instituições, sobre os movimentos operários, intelectuais, estudantis, e determinam um tempo histórico que não é o tempo histórico do futuro nem do presente, é o tempo histórico dos interesses reacionários desses setores e da imobilidade que os países dominantes querem que exista nas estruturas da sociedade brasileira. Então, a minha reação foi de raiva, de um homem impotente que quer polarizar a sua força além dos limites da pessoa. Isso acabou me custando muito caro, mas o fato é que o militante foi posto em primeiro plano.

As preocupações metodológicas sempre estiveram presentes em sua obra de forma marcante. Elas obedeciam um plano apriorístico ou resultaram das exigências dos vários tipos de trabalhos seus, no campo da etnologia, da sociologia, da pesquisa empírica ou do ensaio teórico? Tenho a impressão de que, de um modo geral, sua posição é sobretudo pluralista, mas sempre muito crítica em suas "leituras" teóricas. Minhas impressões estão corretas?

Eu acho que sim, embora eu já tenha esclarecido que tinha uma identificação marxista desde o início, e isto fica claro no prefácio à *Contribuição à crítica da economia política*, numa identificação com Marx. E foi traduzindo essa obra, e lendo o posfácio, que vi que Marx era um homem em diálogo com o nosso tempo, um homem que estava conversando conosco sobre os problemas que nós tínhamos na área do método e da teoria, na ciência social. Então, se eu já era ativista de um movimento de esquerda, o socialismo revolucionário, me tornei ainda um acadêmico e um intelectual de orientação marxista. Agora, o trabalho com respeito a técnicas e métodos acabou sendo uma imposição, ligada às ambições de desenvolver a sociologia como ciência empírica, criativa e, de outro lado, dar um grande relevo à criação de uma ciência independente no Brasil. Assim, era preciso dominar as técnicas de investigação no plano empírico, os processos de reconstrução e os métodos de interpretação.

Quando eu fui aluno da Escola de Sociologia e Política, no curso de pós-graduação, fui obrigado a assistir um curso do professor Pierson, que era crédito de pós-graduação mas não era curso de pós-graduação, e sim um curso introdutório de graduação. Eu vi que havia ali uma ideia construtiva, mas ao mesmo tempo uma precariedade muito grande no tipo de ensino que se fazia, porque as técnicas estavam dissociadas do trabalho de investigação, era a entrevista, o questionário, é como se nós estivéssemos preocupados com uma medicina empirista: você tem um tal unguento, você aplica em tal ferida. Pensei que tínhamos de dar uma ênfase muito grande ao ensino de técnicas de investigação. Aí a ressonância era muito mais europeia, estava muito mais ligada com o que Durkheim pretendeu fazer na França, com o que Tönnies e Mannheim pretenderam fazer na Alemanha e na Inglaterra, ou então com o que o grupo de Park estava fazendo em Chicago. Daí o empenho que eu tive em desenvolver na Faculdade de Filosofia um novo tipo de ensino de técnicas.

Os franceses não se preocupavam muito com o ensino sistemático das técnicas de investigação. O professor Bastide, por exemplo, se preocupava com o método, mas com o método num plano lógico, quer dizer, no plano explicativo e, assim mesmo, ficava dentro da problemática da sociologia positivista, de Comte a Durkheim. O meu intuito era criar um ano de ensino básico, de métodos de investigação, de processos, de crítica de material e de reconstrução da realidade, e de métodos explicativos num plano elementar, e depois dar ao ensino do método no plano lógico uma ênfase equivalente, de modo que teríamos dois anos de ensino. E sempre procurando vincular o aluno a um projeto, para que o ensino das técnicas não ficasse no ar.

Quanto ao professor Roger Bastide, deu um curso de método, mas método monográfico, como era aplicado pela escola de Le Play, e principalmente como se desenvolveu a exploração da nomenclatura e das técnicas que estavam ligadas com uma nomenclatura familiar. Quer dizer, algo que ignora a necessidade de uma formação básica. No nosso caso, uma coisa muito válida para mim e para o Antonio Candido; nós pensávamos exatamente o contrário. Nós queríamos valorizar a formação básica e, ao mesmo tempo, dar ao estudante instrumentos para ser investigador. O estudante da Faculdade de Filosofia podia ser professor ou trabalhar em instituições de pesquisa, ou, se ele tivesse sorte num plano ou noutro, tomar-se um cientista social através do trabalho como professor, ou ainda desenvolver-se como sociólogo numa outra instituição, ou seja, fazer uma grande obra como sociólogo. Então, o ensino de técnicas e métodos estava voltado nessa direção.

Quer dizer que a metodologia estava casada com um conjunto do trabalho intelectual, não era mero instrumento para chegar a ele?

Mas também era instrumental porque, como nós procurávamos o domínio e várias correntes fundamentais da sociologia, ela era instrumental para conseguirmos reproduzir aqui a sociologia como uma disciplina autônoma, para acabarmos com isso de ler um autor e ficar feito papagaio falando das ideias dele, sendo um espelho que reflete imagens, como o intelectual brasileiro fazia muito. O intuito era quebrar isso, era estabelecer uma relação orgânica com os vários centros de produção cultural. Não repetir, não imitar, não ser meramente reprodutivo, num sentido positivo, mas ter uma capacidade de criação autônoma, de elaboração criativa original. Era pois preciso cultivar essas várias possibilidades, e não só uma, porque eu não me colocava dogmaticamente: "Então vamos ensinar materialismo histórico." A minha adaptação exclusiva ao marxismo vem depois da crise, depois de 1968/69. Em Toronto eu já me coloco como professor marxista e, de lá para cá, estou ensinando, sou professor marxista e ensino em função dessa posição e acabou.

E o que representou o funcionalismo nisso tudo?

Sobre o funcionalismo há todo um debate que eu acho equivocado. A interpretação funcional se reproduz em qualquer campo da ciência, você tem a interpretação funcionalista tanto no campo da sociologia descritiva como da sociologia histórica. Se você pega *O Capital*, se você pega a obra de Lênin, ou de Lukács, você vai encontrar o uso de função, como você tem na sociologia de Mannheim, quer dizer, no campo da sociologia histórica você encontra o uso de função. Trabalhei com função no início da minha carreira e principalmente com problemas que diziam respeito à reconstrução de um passado extinto, ou então ao estudo de um folclore que está também em desintegração.

É um folclore que perdeu sua conexão dinâmica com uma estrutura social. E se eu faço análise funcional aí é porque, pela análise funcional, eu posso descobrir a relação entre folclore e situação de vida das pessoas, pois desaparece a sociedade tradicional mas não desaparecem os significados, e a função explica porque uma pessoa, ou um grupo de pessoas, recorre ao folclore. O que o folclore representa na constituição do horizonte intelectual, na socialização dessas pessoas? Esse é um uso da função. E um outro uso que eu vou fazer no estudo sobre o negro, e que já está no contexto da sociologia histórica, que permite ligar função, causa e transformação a longo prazo. Esse tipo de interpretação funcional sequer está sujeito à critica que comumente fazem à antropologia inglesa, à sociologia de Mauss, à sociologia de Durkheim, porque você não pode prescindir da explicação funcional se você quer saber qual é, por exemplo, a conexão entre escravidão e o aparecimento de atitudes de preconceito, se o preconceito é uma racionalização da escravidão. Ou se o preconceito acaba sendo uma forma usada por indivíduos que, por sua religião — como o catolicismo — estão em conflito com sua consciência e acabam racionalizando o fato de que deveria ser impossível para eles ser senhores de outros homens. Quer dizer que o pessoal que me faz crítica critica porque é ignorante. Eu poderia merecer várias críticas, mas essa crítica rudimentar e estúpida eu acho que não mereço.

Com a anistia e a possibilidade de reintegração dos professores, você teve a oportunidade de voltar para a universidade, mas isso não ocorreu. Foi você que não quis ou a USP que não o quis de novo?

Eu já dei explicações sobre isso, quer dizer, eu entrei num processo de crise de identidade profissional. Essa crise tem origens políticas, mas ela foi real, leal e profunda, por isso é que me vi impossibilitado de continuar a carreira em condições melhores, como ocorreu em Toronto. De modo que, para mim, quando vem a chamada anistia, apesar de surgir num contexto de luta política e poder parecer alguma coisa que a ditadura é obrigada a fazer exatamente para se conservar, eu resolvi não aceitar. E não fui só eu, no caso das ciências sociais. O Fernando Henrique também não quis, o Octávio Ianni também não, porque nós fazíamos uma análise mais profunda da situação. As razões que levaram a ditadura a nos expulsar da universidade subsistiam, a ditadura não estava abatida, como ela ainda não está. E a ditadura que nos expulsou da universidade e assumia, ela própria, a iniciativa de nos recolocar lá, poderia de novo nos expulsar. Era uma ambiguidade, era um processo falso. Para nós, parecia que era necessário derrotar a ditadura, expurgar a universidade dos resquícios de fascistízação das estruturas universitárias. Quer dizer, voltar era um problema político. O que resolvia? O nosso problema, o problema da universidade, ou o problema da própria ditadura?

FONTES DOS TEXTOS

O TUPI E A REAÇÃO TRIBAL À CONQUISTA

Fonte: escrito para História Geral da Civilização Brasileira, obra organizada por Sérgio Buarque de Holanda e editada pela Difusão Européia do Livro. Transcrito de *Mudanças Sociais no Brasil*, São Paulo, Difusão Européia do Livro, 1960, p. 287-3.

ASPECTOS POLÍTICOS DO DILEMA RACIAL BRASILEIRO

Fonte: escrito para o volume coletivo, publicado na França em homenagem ao prof. Roger Bastide, antigo professor da Universidade de São Paulo. Publicado em: Fernandes, Florestan (2006). *O negro no mundo dos brancos*. Global Editora, p. 288-313. (1965/1969)

A DINÂMICA DA MUDANÇA SOCIOCULTURAL NO BRASIL

Fonte: ensaio escrito graças às condições de trabalho oferecidas ao autor pelo Institute of Latin American Studies da Columbia University no ano letivo de 1965. Foi lido parcialmente nos auditórios do Departamento de Relações Sociais da Harvard University e do Departamento de Sociologia Rural da University of Wisconsin. O autor deve especial agradecimento ao dr. Charles Wagley, diretor do Institute of Latin American Studies, e aos seus auxiliares ou colaboradores, pela cooperação recebida. Publicação prévia em português: Seara Nova, Lisboa, nos de abril, junho e agosto de 1966; *Cadernos Brasileiros*, Rio de Janeiro, no 35, maio-jun. 1966, p. 22-39. Publicado posteriormente em: Fernandes, Florestan (1968). *Sociedade de classes e subdesenvolvimento*, Zahar Editores, p. 107-133.

CRESCIMENTO ECONÔMICO INSTABILIDADE POLÍTICA NO BRASIL

Fonte: comunicação apresentada ao IV Colóquio Internacional de Estudos Luso-brasileiros (Harvard University e Columbia University, set. 1966) a convite da Comissão Organizadora. Primeira publicação em português: *Revista Civilização Brasileira*, nos 11 e 12, dez. 1966-mar. 1967, p. 11-37. Publicado posteriormente em: Fernandes, Florestan (1968). *Sociedade de classes e subdesenvolvimento*, Zahar Editores, p. 134-164.

NOTAS SOBRE O FASCISMO NA AMÉRICA LATINA

Fonte: notas da exposição apresentada na mesa redonda sobre "A Natureza do Fascismo e a Relevância do Conceito na Ciência Política Contemporânea" (Departamento de Sociologia,

Harvard University, de 10 a 11 de março de 1971). As poucas alterações feitas não afetaram a essência do texto original. Além disso, as ideias expostas se mantiveram presas à última metade da década de 1960 e ao início da década de 1970.

FLORESTAN, O SOCIÓLOGO MILITANTE: ENTREVISTA COM JOSÉ ALBERTINO RODRIGUES

Fonte: publicado originalmente na revista *Ciência Hoje*, em outubro de 1983. Publicado em *Florestan Fernandes - Encontros*. Org. Amélia Cohn. Azougue Editorial, 2008.

SOBRE O AUTOR
POR AMÉLIA COHN

Florestan Fernandes (1920-1995) é uma referência obrigatória para sociólogos, cientistas sociais e todos aqueles engajados nas questões cruciais da sociedade brasileira, exatamente porque foi um *scholar* e um mestre, no sentido forte desses termos, sem, no entanto, jamais abandonar suas idéias socialistas. Sua figura altiva, as sobrancelhas marcantes, a elegância e postura marcavam sua presença por onde passava, apesar de sempre discreto. De personalidade forte, estruturada no percurso de sua vida, que tem como ponto de partida uma origem humilde, ele soube desde cedo o que queria, como revelam suas entrevistas, e como forjar seu destino e seu perfil. Assim é que Florestan Fernandes combinava liderança intelectual e institucional, que exercia de forma implacável, e que consistia numa grande virtude para quem se colocou como tarefa criar uma área de Sociologia na USP reconhecida nacional e internacionalmente. Mas tudo isso com uma humanidade que sensibilizava a todos.

Foi assim que criou a Cadeira de Sociologia I na Faculdade de Filosofia da USP, que arregimentou assistentes de primeira linha, dos quais exigia qualidade e produção, mas sem restringir sua liberdade e independência intelectual, que sempre prezou e defendeu para si e para os demais. E é exatamente por isso que em uma de suas entrevistas ele afirma que não formou uma "escola" paulista de sociologia, mas que liderou a formação de um grupo de pensadores e estudiosos, e que com eles partilhou essa construção. E assim afirma não por falsa modéstia, mas por convicção. Convicção porque ele mesmo tinha claro para si que cada projeto seu de pesquisa e estudo atendia a impulsos, incentivos e desafios próprios, e que eram definidos por serem objetos relevantes para si e para outros.

Essa a grande marca da sua produção e da sua trajetória: com ele, para além do conhecimento que sua obra nos traz, há o ensinamento de que tão importante quanto a dedicação a questões teóricas e conceituais, é a produção do conhecimento voltado aos problemas concretos de nossa sociedade. É aí exatamente que reside um dos principais diferenciais de Florestan: aprender com ele que o momento da militância e o momento da produção científica do conhecimento, seja ele teórico ou empírico, são distintos embora jamais dissociados.

É, portanto, coerente que para ele o estudo sobre os tupinambá marque o fim da sua iniciação como cientista social (e não se trata de uma análise qualquer...), e que a partir de então ele passe a ser um "sociólogo com pleno domínio da sociologia descritiva e diferencial", pois seria o momento a partir do qual ele "sai do chinelo" e passa a enfrentar o trabalho de elaboração teórica começando a sedimentar os alicerces de uma sociologia "made in Brazil", como ele mesmo chegou a dizer. Mas longe dele elaborar uma reflexão sobre a análise estrutural-funcional de forma mecanicista. Sua principal intenção consistia exatamente que não fossem exorcizadas a palavra "função" nem as análises causais das proposições estruturais-funcionais, mas a própria concepção naturalista das ciências sociais. Segundo ele aí é que residia o grande "busilis da questão", resgatando sua própria expressão.

Florestan orienta sua formação e sua produção intelectual a partir de um objetivo preciso: contribuir para que a sociologia se robusteça enquanto uma ciência empírica, sistemática, e ao mesmo tempo capaz de construir teorias pertinentes a sociedades como a brasileira, com vistas à sua aplicação sobre a realidade. Não se afasta assim da concepção de que a manipulação do comportamento coletivo das massas não se dá somente por intermédio do Estado e das empresas, mas também por meio da cultura característica da sociedade capitalista, embora esta não perca sua possibilidade de transformação diante das iniciativas burguesas.

Coerente com suas convicções políticas, nosso sociólogo nunca foi desenvolvimentista. Ao contrário, sempre manteve uma perspectiva crítica do desenvolvimentismo (elaborou ainda nos anos 1960 o conceito de heteronomia), e nos anos 1970 publica um dos seus textos clássicos - A revolução burguesa no Brasil, com análises por ele realizadas nas décadas de 60 e 70, após o golpe militar. Neste livro emerge toda a elaboração de Florestan sobre as possibilidades históricas revolucionárias do Brasil, onde mostra como a revolução burguesa levou a uma transformação capitalista da nossa sociedade, mas não a uma revolução nacional democrática, uma vez que a sociedade paralisou a revolução nacional porque o excedente econômico foi monopolizado pela elite, fazendo com que o capitalismo de Estado exercesse funções diretas e indiretas de proteção, fortalecimento e expansão do capitalismo privado, gerindo amplos setores econômicos como se fossem privados. À época já assinalava Florestan como a então tida como a terceira fase do capitalismo oligopolista nada mais é do que a forma de imperialismo inerente a esse tipo de capitalismo, e por isso mesmo terrivelmente dura, se fazendo manifestar nos países periféricos por meio do fortalecimento de "governos duros e de direita".

Mas nada mais equivocado do que interpretarmos que essa análise desemboque numa "história sem saída". Nada mais ofensivo ao pensamento e ao método de Florestan! Ao contrário, a partir do diagnóstico segundo o qual a ausência de uma ruptura definitiva com o passado faz com que este mesmo passado acabe sempre sendo reposto de forma renovada, por meio de um processo recorrente de "conciliação" que se opõe às reformas fundamentais (diferentemente, portanto, do que ocorreu nas revoluções burguesas clássicas), sua análise persegue as contradições presentes nesse processo histórico. E assim o faz de forma não determinista, mas reconhecendo oportunidades de ação dos atores sociais no contexto das possibilidades estruturais e históricas reais, em que pese a característica histórica de nossa experiência, que reitera "a revolução dentro da ordem" e não "a revolução contra a ordem", como diferencia ele.

O seu percurso intelectual, expresso em suas obras, revela um cientista que persegue a marca do que é especificamente sociológico no pensamento social; de qual é a perspectiva essencialmente sociológica das grandes questões da realidade brasileira. E isto buscando desvendar o processo sempre tenso da trama tecida pelos padrões de reprodução da realidade social, mas também, sobretudo, pelos seus impasses e dilemas. É assim que dedica seus estudos mais recentes aos processos sociais básicos envolvidos enquanto possibilidades e obstáculos na constituição da ordem social competitiva, vale dizer, da sociedade burguesa no Brasil. E assim o faz sempre tendo claras as duas dimensões que convivem de forma contraditória, porém articuladas, no trabalho do cientista social: o estudioso enquanto sociólogo e enquanto cidadão. É a partir dos anos 60 que a reflexão sociológica se alia à reflexão política, explicitando uma das suas preocupações fundamentais: como ser politicamente relevante, enquanto cientista, mantendo um enfoque especificamente sociológico? Parte desta preocupação está expressa no seu texto "A natureza sociológica da sociologia".

Mas é por esse pensamento tenso enquanto sociólogo e enquanto homem de ação que sua produção e suas entrevistas nos trazem o alerta de que o rigor científico, no caso sociológico, não se contrapõe à intervenção atuante na realidade; que há, embora sempre se ande no fio da navalha, um conteúdo social relevante, e mesmo imprescindível, na associação entre a produção rigorosa do conhecimento científico sociológico e a intervenção na realidade social. Tarefa que não é fácil, muito menos simples. No entanto, o testemunho de sua obra e de sua atuação enquanto militante socialista é de que a atividade rigorosa e metódica na produção de conhecimento da nossa realidade, sempre da perspectiva democrática – é bom que se afirme - orientada para deslindar e imprimir uma certa racionalidade aos processos sociais espontâneos e dirigidos, vale o custo da busca de uma síntese entre teoria e método. Mesmo quando, a partir dos anos 60, a reflexão sociológica se alia à reflexão política, sua análise mantém a distinção entre o momento da militância e o momento do conhecimento. Preste-se atenção a seu alerta numa das entrevistas: que o cientista não deve se confundir com o propagandista, mas também que a ciência é incompatível com a irresponsabilidade.

Por essas tensões e desafios todos que enfrenta é que seus textos são densos, exigindo serem estudados, e não somente lidos, uma vez que sempre apresentam, por mais detalhados que sejam, o sumo final de um percurso intelectual e de pesquisa muito mais longo e complexo do que o produto final que nos é apresentado. Talvez seja por isso mesmo que ele assinala, em outra entrevista, que no início de seus cursos as classes eram grandes e, depois, diminuíam pela metade. De fato, seus cursos demandavam além da leitura de uma bibliografia extensa, o acompanhamento de um raciocínio, que embora claro, era sempre complexo, porque questionador e não produtor de certezas, mas de possibilidades analíticas e históricas. Mas, segundo ele, os que permaneciam, "aí era milho que iria virar pipoca".

De fato, Florestan formou gerações, e continua sendo referência obrigatória, tanto pela obra que deixou como pelo exemplo que legou. Se na época da ditadura denunciou que o intelectual brasileiro havia internalizado o medo de uma forma pânica, talvez, hoje, não se trate mais de medo, mas de uma internalização do que vem sendo instituído, ditada pelo atual processo social de reprodução do capital, e graças à qual o micro, o subjetivo e o intersubjetivo ganham autonomia em relação aos marcos estruturais da sociedade, quando para ele o importante era exatamente saber ligar e identificar dilemas históricos e humanos do macrocosmo através do microcosmo. Porque afinal, o sistema global criou uma sub-classe, a dos desclassificados, e "o Brasil nunca será nada se a cidadania não for universal, e para tanto é necessário que todos os de baixo pertençam a uma classe social". Onde residem na atualidade as possibilidades estruturais e historicamente dadas para esses atores? Questão que Florestan perseguia sistemática e metodicamente, e que continua atual, como, aliás, toda sua obra, para aqueles que comungam do compromisso com os problemas cruciais da nossa realidade social. Sempre, claro, da perspectiva democrática, e, de preferência, socialista.

SOBRE AS ILUSTRAÇÕES

Ilustrações de capa e miolo: Ribeyrolles, Charles. *Brazil pitoresco*: história, descripções, viagens, instituções, colonização. Rio de Janeiro: Typ. Nacional, 1859-1861. 3v.

Brasil Pitoresco: história, descripções, viagens, instituções, colonização, de autoria dos franceses Charles Ribeyrolles (1812-1860) e Victor Frond (1821-1881) foi a primeira obra de viajantes editada na América Latina com ilustrações obtidas a partir de fotografias. Publicado em três volumes, o jornalista Ribeyrolles faz um panorama da história do Brasil, descreve a cidade e a província do Rio de Janeiro, trata da organização política do Império e relata a vida em colônias de imigrantes europeus na província. As 75 fotografias que compõem o álbum, de autoria de Frond, pioneiro no registro fotográfico da produção agrícola nacional e do trabalho escravo nas lavouras fluminenses, foram litografadas na prestigiosa Maison Lemercier de Paris. Entre retratos da família imperial, panoramas e cenas urbanas do Rio de Janeiro, vistas de fazendas e cidades provincianas, destacam-se as mais de 20 cenas que têm como tema principal o trabalho da mão-de-obra escrava.

Os autores do *Brasil Pitoresco* tiveram uma trajetória associada às lutas pela liberdade política na França. Charles Ribeyrolles foi redator do jornal l'Homme e porta-voz dos grupos republicanos exilados na Inglaterra devido aos movimentos políticos de 1848 e ao golpe de Estado de Louis Napoleão, em 1851. Victor Frond tornou-se um dedicado militante republicano. Trabalhava no Corpo de Bombeiros de Paris quando se rebelou durante o golpe de 1851; posteriormente foi perseguido e levado à prisão na Algéria, de onde fugiu em 1812 se dirigindo à Inglaterra. Em Londres reúne-se aos exilados políticos franceses e recebe a proteção de Victor Hugo. Dois anos depois instala-se em Lisboa, onde aprende o ofício de fotógrafo, chegando ao Rio de Janeiro em outubro de 1856.

SOBRE O ORGANIZADOR

Gabriel Cohn é professor emérito na Faculdade de Filosofia, Letras e Ciências Humanas da Universidade de São Paulo – USP, onde atuou entre 1965 e 2008. Sua carreira acadêmica divide-se em duas fases praticamente iguais: de 1965 a 1987 na área de Sociologia e até 2008 na área de Ciência Política, quando por iniciativa do Departamento de Ciência Política recebeu na FFLCH o título honorífico de Professor Emérito. Suas publicações incluem os livros *Petróleo e nacionalismo* em 1968, reeditado em 2017, *Sociologia da Comunicação – teoria e ideologia* em 1973, reeditado em 2014, e a obra com a qual acabou ficando identificado, *Crítica e resignação – Max Weber e a teoria social* em 1979, reeditada em 2002 e editada na Argentina em 1998, pela Universidad Nacional de Quilmes, com o título *Crítica y resignación*. Em 2016 publicou o primeiro de uma série de três volumes com coletâneas de textos reunidos e inéditos, com o título *Weber, Frankfurt – teoria e pensamento social.* Atualmente integra o Conselho Curador da Biblioteca Básica Latinoamericana.

FUNDAÇÃO
DARCY RIBEIRO

Azougue Press

coordenação geral Sergio Cohn

coordenação editorial

Sergio Cohn — Darien Lamen — Cristián Jiménez Plaza

Brasil | CNPJ 12.272.339/0001-26

Portugal | NF 515805394

USA | E. Id. 803650511

Chile | tucán ediciones RUT 77.369.106-1

www.ingramcontent.com/pod-product-compliance
Lightning Source LLC
LaVergne TN
LVHW051935220826
846093LV00018B/551